Business
E-MaiL
The Best Recipe

Business E-Mail
The Best Recipe

명품
영문 이메일
레시피

조용배 · 조용상 지음

contents
cave

글로벌 비즈니스에서
가장 좋은 의사소통의 수단은
영문 이메일이다

이메일은 우리 생활에 이미 깊숙이 자리 잡았다. 요즘은 페이스북이나 인스타그램과 같은 소셜미디어가 우리 일상에 더 깊이 침투했다고 하는 사람도 있지만, 의사소통 수단으로서, 특히 비즈니스 관련 의사소통에서 이메일의 위상은 다른 어떤 경쟁자도 넘보기 힘들 정도로 높게 자리매김한 지 오래다.

게다가 나날이 글로벌화가 가속되는 비즈니스 환경 속에서 영문 이메일의 중요도나 활용 범위는 더욱더 커졌다. 이제 영문 이메일은 외국계 회사나 대기업 국제 부서에 근무하는 이들의 전유물이라고 말하기도 어려워졌다. 중소벤처기업, 정부 부처, 교육기관, 비영리기관, 어디에 근무하더라도 다른 대륙의 클라이언트와 고객, 거래처 등과 의사소통해야 할 상황은 언제든 발생할 수 있다. 그럴 때도 역시 우리가 가장 빈번하게 사용하는 비즈니스 문서이자 가장 좋은 의사소통의 수단은 영문 이메일이다.

이렇게 중요한 의사소통의 수단인데도 여전히 영문 비즈니스 이메일을 작성하는 데 어려움을 겪거나 심지어 두려움을 느끼는 이가 적지 않다. 외국계 회사에 근무한다고 해서 그런 고충이 없는 것도 아니다. 필자가 외국계 회사에 근무할 때도 영문 비즈니스 이메일을 작성하는 직원들의 고통을 목도한 적이 한두 번이 아니다. 몇 년 전 독일계 글로벌 회사의 외국인 사장과 함께한 식사 자리에서도 직원들과 커뮤니케이션이, 특히 이메일로 소통하기가 매우 어렵다는 토로를 들은 적이 있다.

지금도 여전히 영문 비즈니스 이메일 작성을 어려워하는 수많은 직원의 책상에는 어김없이 관련 책들이 꽂혀 있다. 하지만 그런 책들을 보면서도 안타까움을 금할 길이 없었다. 기존의 이메일 책들은 상황별 표현을 마치 고정된 패턴처럼 소개하고 있어서 실제로 현장에서 도움이 되지 않는다. 이는 물고기 잡는 법을 가르치지 않고 그냥 물고기만 던져주는 것과 같다. 아무리 예제를 많이 제시한다고 해도 각자가 처한 상황을 모두 포함할 수는 없기 때문에 현업에 종사하는 사람들은 매번 똑같은 고민과 시행착오를 되풀이할 수밖에 없다.

이런 많은 이의 고충이 담긴 아우성이 필자를 이 책의 집필로 이끌었다. 우리 두 사람은 누구나 영문 비즈니스 이메일을 스스로 쓸 능력을 키워줄 책을 만들자고 의기투합했다. 예제와 패턴을 주로 제시하는 기존의 다른 이메일 서적들과 달리 이 책은 이메일을 쓰는 데 꼭 알아야 할 원칙들과 영작문의 기초, 기본적인 표현들, 이메일 에티켓, 관리 방법 등을 총망라했다. 그냥 순서대로 따라 하기만 하면 멋진 요리가 만들어지는 레시피처럼 이 책에서는 차근차근 따라 하기만 하면 목적과 상황에 잘 맞는 훌륭한 영문 비즈니스 이메일이 만들어지는 레시피를 제시하고자 했다.

이 책의 구성은 크게 네 부분으로 되어 있다. 첫 번째 파트는 우리가 만들 이메일이 어떤 요리인지 전체적으로 살펴보는 부분이다. 두 번째 파트에서는 이메일을 쓰기 전에 생각해야 할 것들에 관해 이야기한다. 요리하기 전에 재료를 다듬고 준비하는 과정이라고 생각하면 된다. 세 번째 파트부터는 본격적인 비즈니스 이메일 쓰기 레시피를 소개한다. 비단 이메일 쓰기뿐만 아니라 전반적인 비즈니스 영어 작문의 내공을 쌓는 데도 도움이 되리라 확신한다. 마지막 파트에는 이메일을 효과적으로 사용하기 위한 결정적인 팁들을 모아두었다. 숨은참조나 전체회신과 같은 기본적인 메일 기능에 관한 이해가 부족해서 실수를 저지르거나 본인 혹은 조직 전체의 업무 효율성을 떨어뜨리는 사례가 생각보다 많이 발생한다. 이 점을 명심하고 읽어본다면 업무 능률 향상에 큰 도움이 될 것이다.

완성된 요리만 봐서는 만들기 어려워 보이는 것이 당연하다. 하지만 제대로 된 레시피만 주어진다면, 그리고 제시된 재료를 잘 손질하고 주어진 지침을 그대로 따른다면 어려워 보이던 요리도 어느새 완성되어 있기 마련이다. 영문 비즈니스 이메일도 마찬가지이다. 주어진 지침대로 준비하고 단계를 밟아 따라 하면 누구나 쉽게 품위 있는 영문 비즈니스 이메일을 작성할 수 있다. 그렇게 원리를 깨닫고 스스로 요령을 터득한다면 영문 비즈니스 이메일에 대한 두려움을 더는 걱정하지 않아도 될 것이다.

이 책이 독자들의 영문 비즈니스 이메일 작성에 실질적인 길잡이가 될 수 있기를 희망한다.

2020년 3월
조용배, 조용상

III. 읽고 싶은 이메일을 만드는 비법 레시피   37

IV. 명품 이메일을 위한 아주 특별한 Tip　187

Business
E-MaiL
The Best Recipe

I

이메일의 구조
이해하기

이 책을 온라인으로 주문했거나 서점이나 도서관 책장에서 꺼내든 사람은 대부분 '영문' 이메일이나 '비즈니스용' 영문 이메일을 잘 쓰고 싶기 때문일 것이다. 이 책을 펼쳐보기 전까지 이메일을 단 한 번도 쓴 적이 없거나 받아본 적이 없는 사람은 없으리라 생각한다. 심지어 이전에 이메일을 접해본 적이 정말 없더라도 메일 작성의 가장 원초적 단계인 '이메일 계정 만들기'를 하는 순간, 해당 이메일 사이트에서 보내주는 인사말 메일을 최소 한 통 이상 받게 된다. 극히 예외적인 경우가 아니라면 적어도 한글로 이메일 쓰는 법 정도는 이미 익혔거나 잘 사용하고 있을 것이다.

따라서 이 책에서는 이메일 작성의 기초 및 일반론에 관한 설명은 따로 하지 않고, '영문 비즈니스 이메일 잘 쓰는 법' 이야기부터 바로 시작하고자 한다. 다만, 이후 설명의 편의를 위해 이메일의 기본 구조와 필수로 들어가야 할 필수 구성 요소에는 무엇이 있는지만 간략히 살펴보기로 한다.

이메일은 크게 헤더(header)와 본문(body) 두 개의 파트로 나뉜다. 헤더 파트는 크게 수신인과 이메일 제목으로 구성된다. 본문 파트는 이메일을 통해 전달하려는 본 내용이 담긴 부분이다. 영문 이메일의 전체 구조는 다음 페이지를 참고하자.

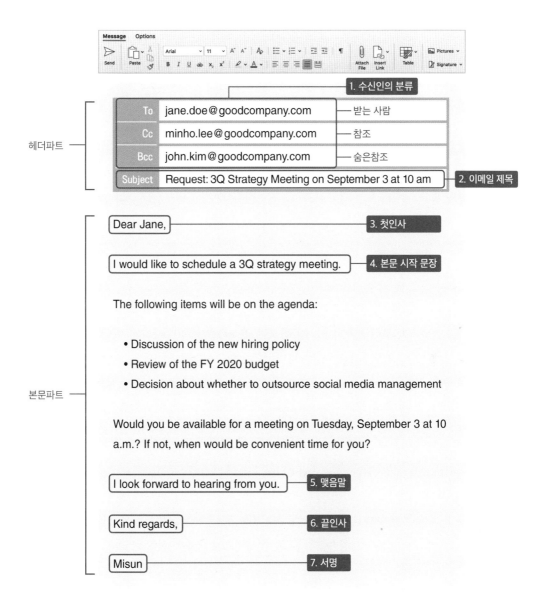

일반적으로 이메일의 수신인 부분은 받는 사람(To:)과 참조(CC:), 숨은참조(BCC:)의 세 항목으로 구분되어 있다. 물론, 수신인이 딱 한 명이라면 문제가 생길 일이 전혀 없지만, 다수의 수신자를 대상으로 이메일을 보낼 때가 은근히 많다. 그리고 그때마다 받는 사람과 참조, 숨은참조를 어떻게 나누어 보내야 할지 고민이 되기도 한다. 이들의 차이는 다음과 같이 명확하게 구분할 수 있다.

받는 사람 항목에 들어갈 수신인은 보내는 사람과 '직접 소통'하는 당사자로 이메일 내용에 따라 그에 필요한 행동을 하거나 반응을 보여야 할 장본인이다. 받은 이메일에 회신이 필요하다면 답장을 써야 하는 주체이기도 하다. 이메일이 대화라면 받는 사람은 직접 말을 주고받는 상대방이라 할 수 있다.

참조 항목에 포함된 수신인은 보내는 사람과 직접 소통하지는 않지만, 수신인과의 의사소통 내용을 전달받는다. 여기에 포함된 사람들은 해당 이메일 내용에 직접 답장할 필요는 없다. 참조란에 포함한 이유는 이들이 해당 이메일을 통한 의사소통의 내용을 반드시 알아야 하거나 알아둘 필요가 있기 때문이다. 물론, 참조 항목에 포함된 사람도 의사소통 과정에서, 즉 이메일을 주고받는 과정에서 의견을 내거나 추가적인 정보나 답변을 보낼 수도 있다.

누군가를 참조 항목에 수신인으로 포함할 때는 항상 신중해야 한다. 아무 생각 없이, 혹은 관성에 따라 참조 항목에 수신인을 마구 채워 넣으면, 해당 수신인들에게 필요하지도 않은 정보를 전달하여 그들의 시간을 허비하게 만들고, 더 나아가서는 조직 전체의 효율성을 떨어뜨리는 원인이 된다.

참조와 숨은참조는 메일 수신자가 해당 메일을 다른 사람들도 받아본다는 사실을 알 수 있는지 없는지로 구분한다. 참조의 경우, 참조에 포함된 수신인도 같은 내용의 이메일을 받는다는 것을 메일 받는 사람이 알 수 있다. 반면, 숨은참조에 포함된 수신인의 존재는 받는 사람에게 드러나지 않는다. 이는 마치 상대방에게 알리지 않고 대화 내용을 다른 사람이 몰래 엿듣게 하거나, 영화나 드라마 등에 종종 등장하는 장면처럼 경찰서 취조실에서 형사가 범인과 대화하는 모습을 옆방에서 지켜보게 하는 것과 다름없다.

사실 이메일을 보낼 때 위와 같은 용도로 숨은참조를 이용하는 것은 결코 바람직하지 않은 일이다. 숨은참조를 꼭 필요할 때 제대로 사용하는 방법은 'Ⅳ장 명품 이메일을 위한 아주 특별한 Tip' 부분을 참고하자.

2 이메일 제목

이메일 제목은 매우 중요하다. 얼핏 보기만 해도 바로 어떤 내용인지 알 수 있는 제목을 달아야 한다. 사람들은 대부분 자기 회사의 상사나 중요한 고객이 보낸 이메일이 아닌 이상, 제목만 보고 그 이메일의 중요도를 판단한다. 제목을 잘못 달거나 아예 달지 않은 채로 이메일을 보내면 공들여 쓴 메일이 스팸메일로 분류되어 휴지통으로 직행할 수도 있다.

3 첫인사

상대방과의 관계에 따라 품격을 갖춘, 혹은 친밀한 단어를 골라 첫인사를 작성한다. 어렵게 생각하지 말고 상황에 맞게 Dear나 Greetings, Hello 등을 선택하면 된다.

4 본문 시작 문장

이메일은 시작부터 바로 돌직구를 날려야 한다. 본문의 시작부터 바로 본론으로 들어가야 받는 사람이 관심을 갖고 읽어서 내용의 중요도를 판단하고 우선순위에 따라 메일 내용을 효율적으로 처리할 수 있다.

또한, 이메일의 본문은 간결하고 분명하게 작성한다. 짧으면 짧을수록 좋다. 되도록 한 화면 내에서 읽을 수 있어야 한다. 내용도 내용이지만, 받는 사람이 보기 쉽도록 구성해야 소기의 목적을 달성할 가능성이 커진다.

5 맺음말

효과적인 맺음말은 상대에게 신뢰와 호감을 줄 수 있는 좋은 수단이다. 맺음말로 사용할 수 있는 문구는 아주 많지만, 가장 일반적인 표현은 "I look forward to ……"이다.

"참고" 영문 이메일에는 안부 인사를 꼭 넣어야 하나?

사실 영문 이메일을 쓸 때 안부를 묻는 인사말을 꼭 넣어야 할지 말아야 할지에 대해서는 의견이 분분하다. 간결함이 무엇보다 중요한 이메일에 첫인사는 불필요하다는 사람이 있는가 하면, 안부 인사말이 없으면 예의를 갖추지 못한 이메일이라는 사람도 있다. 일반적으로 비즈니스 이메일에서는 첫인사 없이 바로 본론으로 들어가는 것을 권하기도 한다.

그러나 안부 인사는 필요할 때가 분명히 있다. 자주 연락했던 사람에게는 굳이 매번 첫인사를 포함할 필요가 없겠지만, 아주 오랜만에 연락하거나 서먹서먹한 사이인데 뭔가 부탁하는 이메일을 보내야 한다면 호칭 다음에 인사말을 추가해서 부드럽게 이메일을 시작하는 것이 좋다.

많은 사람이 "Dear ……," 바로 다음 문장을 어떤 표현으로 시작할지 고민한다. 그리고 대부분 Good morning이나 Good afternoon을 선택한다. 하지만 이는 사실 바람직하지 않다. 해외로 보내는 이메일이라면 수신인이 시간대가 다른 나라에 거주할 가능성이 높고, 같은 시간대의 지역이라 해도 수신인이 언제 그 메일을 열어볼지 알 수 없기 때문이다.

그렇다면 안부 인사말은 어떻게 시작하면 좋을까? 무난하게 쓸 수 있는 문구에는 (Warm) Greetings가 있다. 바로 뒤에는 "Warm greetings from Seoul."과 같이 현재 내가 있는 지역을 붙여도 되고, "Greetings from ABC Company."와 같이 내가 속한 조직을 붙여도 된다. 많이 쓰는 또 다른 인사말로는 "I hope this finds you ……"로 시작하는 문장이 있다. "I hope this finds you in good health and spirits."나 "I hope this finds you enjoying beautiful autumn weather in London." 등으로 쓰면 이메일을 매끄럽게 시작할 수 있다. 물론 다음 예제와 같이 "Warm greetings"와 "I hope this finds you ……"를 함께 써도 된다.

예) Dear Mr. Krause,

Warm greetings from Seoul. I hope this finds you in good health and high spirits.

6 끝인사

품격 있는 끝인사는 상대방에게 좋은 인상을 남길 수 있다. 첫인사와 마찬가지로 상대방과의 관계와 상황에 따라 적절한 끝인사를 골라서 사용한다. Best regards나 Sincerely, Best wishes, Many thanks, Warm regards 등 선택의 폭은 넓다.

7 서명

마지막으로 서명을 남긴다. 서명에는 받는 사람이 추후에 보낸 사람에게 연락할 수 있도록 보낸 사람의 이름, 직책, 연락처, 소속 회사, 주소, 전화번호, 팩스번호, 이메일, 회사 홈페이지 주소 등의 정보를 추가하는 것이 좋다.

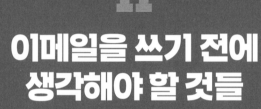

II
이메일을 쓰기 전에
생각해야 할 것들

1.
이 내용을
이메일로 보내도 될까?

영문 비즈니스 이메일에 관한 이야기를 본격적으로 시작하기에 앞서 당부하고 싶은 사항이 하나 있다. 바로 이메일은 만능이 아니라는 사실을 명심해야 한다는 점이다.

이메일에는 많은 장점이 있다. 쉽고 간편하게 자신의 의사를 다수 상대방에게 전달하여 의사소통할 수 있게 해준다. 또한, 상대방과 소통한 내용을 기록으로 남겨 나중에 참고하거나 다른 사람과 공유할 수도 있다.

그러나 이메일이 언제 어디서든 의사소통의 가장 적합한 수단이 되는지는 생각해볼 여지가 있다. 때로는 이메일보다 다른 방법, 즉 전화나 직접 방문을 통한 대화나 밀봉한 편지 등이 더 적합한 상황도 많이 생긴다.

예를 들어 다음과 같은 상황에서도 이메일이 적절한 선택일지 생각해보자.

- 팀장이 팀원의 고과 평가 또는 징계에 관한 내용을 통보하는 경우
- 우연히 동문 선배를 만나 그 선배의 친구인 타 부서 부장이 이직할지도 모른다는 이야기를 들었는데, 이를 친한 회사 동료에게 너만 알고 있으라고 알려주는 경우
- 회사 세일즈 부서에서 일부 직원이 불법적인 리베이트를 통해 매출을 증진했다는 사실을 파악하고 다른 부서 동기에게 전달하는 경우

사람들은 대부분 이메일을 보낼 때 수신인 또는 참조 항목에 포함한 사람들만이 자기가 보낸 내용을 읽는다고 착각한다. 하지만 이메일에 담아 보낸 내용이 자기가 지정한 수신인들뿐만이 아니라 다른 누구든 읽을 수 있게 공개될 가능성은 항상 존재한다. 처음 의도와 다르게 전혀 예상하지 못했던 대상에게도 전달될 수 있다. 마음이 통하는 가장 친한 동료에게만 공유하려던 사적인 내용이 일간신문의 일면을 장식하는 참사로 연결될 수도 있다. 이메일은 비밀이 보장되지 않으며, 받는 사람이 실수, 혹은 고의로 발신인 몰래 다른 사람에게 전달할 수 있다는 사실을 명심해야 한다.

또한, 개인 PC의 이메일 프로그램에서 메시지를 지운다고 해도 회사 서버에 그 메일 내용이 남아서 후일에 다른 사람이 얼마든지 찾아볼 수 있다는 점도 기억해야 한다. 만일 이메일로 소통했던 기록에 회사의 기밀사항이나 법적으로 중요한 쟁점이 담겨 있었다면, 이메일을 쓴 사람뿐만 아니라 회사 전체를 곤경에 빠트릴 수도 있다. 실제로 회사의 비리나 부정행위에 관한 이메일이 유출되어 회사가 법적 분쟁이나 수사 대상이 되는 상황을 우리는 뉴스 등을 통

해 이미 많이 보아왔다. 또한, 다른 사람을 비난하거나 조롱하는 내용이 공개되어 당사자가 모욕감을 느끼고 법적 분쟁으로 이어지는 사례도 허다하다.

이메일에 적합하지 않은 내용을 정리하면 다음과 같다.

- 부정행위나 법적 분쟁의 소지가 있는 내용
- 비윤리적으로 비칠 수 있는 내용
- 회사의 기밀사항 등 보안이 필요한 내용
- 회사의 평판을 해칠 가능성이 있는 내용
- 루머의 루머의 루머
- 회사 직원의 개인정보(의료정보, 고과, 징계사항 등)나 매우 사적인 내용
- 고객이나 직장 동료를 희화화하거나 모욕하는 내용
- 다른 사람에 대한 비난이나 불만, 혹은 개인적 분노를 담은 내용

위에 나열한 민감한 내용 외에 좋은 소식이나 축하 인사도 이메일보다 직접 대면해서 전달하는 편이 좋을 수 있다. 직장 상사가 25년간 장기 근속한 부하 직원에게 축하 인사를 이메일로 보냈을 때, 부하 직원이 이를 관심 부족으로 여기고 내심 섭섭해했다는 사례가 담긴 연구 결과도 있다.

이메일을 쓰려고 할 때마다 그에 앞서 과연 이메일이 현 상황에서 가장 좋은 커뮤니케이션 수단인지 한 번 더 생각해보자. 그저 편리함에 취해 더 효과적인 방법을 선택하지 않거나, 예기치 않은 곤란한 상황을 스스로 맞이하는 우를 범하지 않기를 바란다. 이메일을 쓰기 전에는 톨스토이의 『살아갈 날들을 위한 공부(Wise thoughts for everyday)』에 나온 'Every time you want to speak, stop and think: is what you want to say worth saying?'이라는 문구를 떠올려보기 바란다. 뭔가 말하고 싶을 때는 언제나 말하기 전에 반드시 '내가 말하고자 하는 내용이 말할만한 가치가 있는가?'를 곱씹어보자.

2.
이메일에도
준비가 필요할까?

이메일은 누구나 앉은 자리에서 쉽게 보낼 수 있다. 이메일 주소만 있으면 누구에게든 빠르고 편하게 자신의 의견을 전달할 수 있다. 이렇게 쉽고 편한 의사 전달 수단이라는 점은 이메일이 보편화할 수 있었던 결정적인 이유이다.

그래서 이메일을 쓰기 위해 준비가 필요하다고 말하면 많은 사람이 그깟 메일 몇 줄 적는 데 무슨 준비가 필요하냐고 반문한다. 실제로 크게 고민하지 않고 즉석에서 떠오르는 대로 메일 내용을 작성하는 사람이 적지 않다. 이메일이 짧고 간단한 글인 것은 사실이지만, 과연 준비가 전혀 필요 없을까? 다음과 같은 상황을 생각해보자.

당신에게 아주 멋진 비즈니스 아이디어가 떠올랐다. 이 아이디어를 실제 비즈니스로 구현하기 위해 스타트업 회사를 시작하고자 한다. 자금을 모집하기 위해 여기저기 뛰어다니다 친한 교수님의 소개로 일주일 후 손정의 소프트뱅크 회장에게 당신의 아이디어를 브리핑

할 기회를 얻었다. 다만, 손정의 회장이 워낙 일정이 바쁜 사람이라 당신에게 주어진 시간은 손 회장이 다음 장소로 이동하기 위해 건물 27층에서 1층까지 엘리베이터를 타는 동안뿐이다. 엘리베이터가 내려가는 그 짧은 몇 분에 당신의 스타트업 자금 확보가 달려 있다.

자, 엘리베이터를 타고 내려가는 그 몇 분 동안 손정의 회장이 당신의 아이디어에 귀 기울이게 하려면 무엇이 필요할까? 우선 당신의 비즈니스 아이디어를 최대한 간결하고 명확하게 전달해야 한다. 그리고 어떤 식으로 그 아이디어를 설명해야 관심을 사로잡을 수 있을지 고민할 것이다. 손정의 회장의 마음을 움직이려면 그의 성향도 파악해야 한다. 남은 일주일 동안 당신은 이런 사항들을 중심으로 정보를 모으고 상대가 쉽게 이해할 수 있도록 메시지를 명확하고 논리적이고 설득력 있게 전달하는 연습을 수없이 반복할 것이다.

이메일은 엘리베이터 피치와 같다. 엘리베이터 피치(elevator pitch)란 아주 짧은 시간 동안 사업 아이디어나 제품, 서비스 등에 관해 투자자와 같은 중요한 사람에게 설명하는 것을 말한다. 최상층에서 1층까지 엘리베이터로 이동하는 짧은 시간 내에 자신의 사업 구상을 중요한 인물에게 간략하게 설명해야 한다는 데서 유래한 말이다.

당신의 이메일을 받는 사람이 꼭 손정의 회장은 아닐지라도 바쁜 일정을 보내면서 당신의 이메일을 읽을 것이 분명하다. 회의에도 참석하고, 상사에게 보고서도 작성하고, 중요한 프리젠테이션을 준비하고 있을지도 모른다. 게다가 그의 메일함에는 당신이 보낸 메일 외에도 수백 통의 메일이 읽히기를 기다리는 중일지도 모른다. 따라서 당신이 이메일을 보내려는 목적을 달성하려면, 엘리베이터 피치처럼 목적을 최대한 간단명료하게 전달할 수 있어야 한다. 그래야 수신인이 당신의 이메일 내용에 관심을 두고 집중할 수 있다.

미리 준비하지 않으면 군더더기 없이 꼭 필요한 내용만 짧고 명확하게 상대방에게 전달하기가 어렵다. 비즈니스 메일의 생명은 엘리베이터 피치처럼 간결하고 분명하다는 데 있다. 그래야 받는 사람과 보내는 사람 모두의 소중한 시간을 아낄 수도 있다.

또한, 이메일은 당신과 당신이 속한 조직을 대표한다. 첫 이메일은 보낸 사람과 그 사람이 속한 조직의 첫인상을 결정할 것이다. 간결·명료하고 품격 있는 이메일은 신뢰와 호감을 끌어낼 수 있다. 잘 쓴 이메일 덕분에 새로운 비즈니스 기회를 만들 수도 있고, 반대로 기회를 잃을 수도 있다. 새로운 고객을 확보하거나 새로운 계약을 수주할 수도 있고, 기존 고객이나 관계가 끊어질 수도 있다.

개인적으로 직장 생활을 하면서 실제로 한 직원이 생각 없이 보낸 이메일이 불씨가 되어 클라이언트를 잃는 참담한 결과도 보았고, 진심 어린 이메일이 불만을 품고 계약을 종료하려는 클라이언트의 마음을 돌리는 경험도 했다. '말 한마디로 천 냥 빚을 갚는다'는 속담이 요즘 시대에는 '이메일 한 통으로 백만 달러 계약을 성사시킨다'고 바꾸어야 더 적절한지도 모른다.

이제 이메일을 쓰기 전에 준비가 필요하다는 생각이 좀 드는가?

3.
이메일을 쓰는 목적·이유를
분명히 한다

이메일에는 목적이 있다. 동료에게 도움을 부탁하는 것일 수도 있고, 상대방을 설득해서 자신의 고객으로 만들려는 것일 수도 있다. 그 목적이 무엇이든 메일을 읽는 수신인이 즉시 그 핵심을 파악할 수 있어야 한다.

직장인들은 대부분 바쁜 일정 속에서 시간에 쫓겨 이메일을 되는대로 써 내려갈 때가 많다. 그러고도 상대방이 자신이 쓴 내용을 쉽게 읽고 정확하게 이해하리라고 생각한다. 과연 그럴까? 이메일을 쓰는 사람 자신의 머릿속에서야 의도가 분명하다는 확신이 들겠지만, 실제로 쓴 내용이 그 의도에서 벗어나기는 쉽다. 이런 이메일은 초점을 잃어버리고, 받는 사람은 보낸 사람이 의도한 주제를 파악하기가 어려워진다.

또한, 이런 이메일은 받는 사람의 시간을 허비하게 만든다. 편지함에 쌓인 이메일을 열어 몇 줄 읽다가 '도대체 뭐라는 거야!'라고 투

덜거리며 처음부터 다시 읽으면서 내용을 차근차근 파악해야 할 때가 적지 않다. 내용이 오락가락하는 이메일은 받는 사람의 집중력을 떨어뜨리고 관심을 멀어지게 만든다. 어쩌면 제대로 읽히지도 못하고 곧바로 지워질지도 모른다.

읽어야 할 이메일이 많이 쌓였을 때, 사람들은 보통 우선순위를 가려서 처리한다. 그런데 정말 중요한 내용이 담긴 메일인데도 내용 파악이 쉽지 않아서 일단 덮어뒀다가 나중에 곤란해지는 경험도 다반사다. 어쨌든 받는 사람 입장에서도 소기의 목적을 달성할 수 없는 결과가 된다.

앞에서 이야기했듯이 다른 비즈니스 문서와 마찬가지로 효과적인 이메일은 누구든지 읽자마자 바로 핵심 내용을 알 수 있게 써야 한다. 효과적으로 이메일을 작성하려면 무엇보다 먼저 이메일 작성자가 왜 자신이 이메일을 보내는지를 정확하고 분명하게 해야 하고 이 목적에 집중해서 써야 한다. 쓰는 사람이 아니라 읽는 사람의 입장에서 분명한 이유가 있는 내용을 전달해야 한다.

이메일을 쓰기 위해 키보드로 손이 가기에 앞서 다음과 같이 질문해보자.

> "내가 지금 이 이메일을 쓰려는 목적은 무엇인가?", 또는
> "나는 왜 이 이메일을 쓰려고 하는가?"

질문에 대해 답변을 적어보자. 만약 그 답이 부실하고 막연하다면 알맹이 없이 장황한 이메일을 보낼 가능성이 높다. 답변하는 데는

오랜 시간이 걸리지 않는다. 이삼 분이면 충분하다. 두세 문장으로 정리하되 정확하고 구체적으로 목적을 적어보자. 당신의 메일을 읽고 수신자가 어떤 행동이나 반응을 보였으면 하는지, 이메일을 통해 무엇을 달성하려고 하는지도 구체적으로 작성하자. 적어본 후에는 받는 사람의 입장에서 다시 한번 살펴보자. 받는 사람이 이메일을 읽을 때 그 목적을 분명하게 캐치할 수 있는지 점검한다.

이런 방식이 단순하고 별것 없어 보일지도 모르지만, 실제로 따라해보면 쓸데없이 중언부언하거나 모호하게 작성하는 것을 방지하고 간단명료하게 이메일을 쓰는 데 크게 도움이 된다는 사실을 알 수 있을 것이다.

이메일을 쓰는 분명한 목적이 정해지면 그다음에는 그 목적을 전달하기 위해 필요한 구체적인 세부사항을 정리할 차례다. 마치 요리사가 만들 요리를 정한 후 그 요리에 필요한 재료들을 미리 준비하고 다듬는 과정과 같다. 재료를 미리 정리하고 필요한 양만큼 준비하지 않으면 요리를 만드는 도중에 재료를 찾기 위해 우왕좌왕하게 될 것이다. 길어야 몇 분 정도밖에 걸리지 않는 과정이지만, 이렇게 주제와 세부사항을 미리 정하면 핵심이 잘 드러나서 내용 파악이 수월한 이메일을 작성하는 데 큰 도움을 준다.

분명한 하나의 목적과 세부사항을 정했다면, 이제 비로소 효과적으로 이메일을 쓸 수 있는 준비를 다 마친 셈이다. 그러면 이제 간단하게 실전 연습으로 들어가서 다음 예제를 살펴보자.

회의 일정을 알리는 메일

이메일을 보내는 목적
- 분기 전략 회의 개최를 알리고, 참석자에게 회의 아젠다 초안을 보낸다.

세부사항
- 다음 전략 회의가 11월 18일 10시에 콘퍼런스룸에서 열린다는 사실을 알림
- 회의 의제를 첨부파일로 보내고, 추가할 의제가 있으면 회의 하루 전까지 알려달라고 요청함
- 혹시 회의에 참석하지 못할 경우, 11월 11일까지 미리 통보해달라고 당부함

 상대방을 설득하거나 주장을 피력하는 메일

이메일을 보내는 목적
- 현재 상황을 고려할 때, 인도 지사 설립을 미루는 결정이 합리적이라는 사실을 의사결정 관련자들에게 설득한다.

세부사항
- 최근 인도 정세와 정책 변화가 사업에 부정적 영향을 줄 가능성이 있음
- 예측하기 어려운 기상 변화로 지사 건설 계획에 차질이 생길 수 있음
- 최근 이루어진 임금 상승이 재정적 예측에 고려되어 있지 않았음

예제 아이디어를 제안하거나 의견을 제시하는 메일

이메일을 보내는 목적
- 매월 정기적으로 팀장급 회의를 열자는 아이디어를 제안한다.

세부사항
- 정기 회의 제안 이유
  - 판매 현황 검토
  - 회사의 최우선순위가 무엇인지를 모두가 똑같이 이해
  - 팀별 일정과 팀 간의 협업 조정
  - 기타 아이디어 공유

이처럼 이메일을 보내는 목적과 내용을 분명하고 구체적으로 적을 수 있어야 한다. 그리고 이런 답변을 작성할 수 있어야 이메일 준비를 제대로 한 것이다. 방금 살펴본 예제들과 같은 메모만으로도 상대방의 관심을 끌 수 있는 이메일 제목을 만들어 달 수 있고, 본문 첫 문장부터 곧바로 핵심에 접근할 수 있다. 따라서 받는 사람은 당신이 쓴 내용에 더 집중하게 될 것이다. 더 자세한 설명과 도움이 될 만한 팁에 관해서는 뒤에서 차근차근 설명하기로 한다.

4.
받는 사람을 이해하고
받는 사람의 입장에서
생각한다

엘리베이터 피치를 할 때는 상대방에 대한 분석이 중요하다. 상대방이 이미 알고 있거나 필요 없는 이야기를 늘어놓으면 가뜩이나 부족한 시간이 더 모자라게 되는 비극은 차치하고도 상대방을 지루하거나 짜증 나게 만들 수도 있다. 반드시 '듣는 사람'에게 중요하고 흥미로운 내용을 전달해야 하고, 그러려면 상대방을 분석하고 그 사람 입장에서 생각해야 한다.

이메일도 마찬가지이다. 시간에 쫓겨서 당신이 하고 싶은 말만 한다면, 그 이메일을 읽는 사람은 아마도 금방 흥미를 잃거나 제대로 읽지 않을 것이다. 보내는 사람과 받는 사람의 관점 사이에는 큰 차이가 있을 수 있다. 보내는 사람의 입장에서는 중요한 정보의 자세한 설명이 받는 사람에게는 쓸데없는 공해일 수도 있다. 상대방의 마음을 움직여 목적을 달성하고 싶다면 받는 사람을 분석하고 받는 사람의 입장에서 생각해서 내용을 작성해야 한다. 그래서 이메일을 쓰기 전에 다음과 같은 점들을 고려해보면 좋다.

- 보내려는 내용이 상대방에게 필요하거나 관심을 끌 수 있거나 중요한 정보인가?
- 보내려는 내용에 관해 상대방은 사전 지식을 얼마나 가지고 있는가? 상대방에게 생소한 주제여서 배경 설명이 필요한가?
- 전체 내용이 다 필요한가? 혹은 일부 내용만이 상대방의 관심사인가?
- 얼마나 자세하게 부가적인 정보를 전달해야 하는가? 읽는 사람을 당신의 의도대로 움직이기 위해서는 얼마나 많은 정보가 필요한가?
- 전달하고자 하는 내용이 받는 이의 입장에서 긍정적/우호적인 내용인가?
- 당신의 이메일을 읽는 사람은 당신이 전달하고자 하는 내용을 어떻게 받아들이고 반응할 것으로 예상하는가? 상대방의 예상 반응에 따라 어조를 바꾸거나 추가할 내용이 있는가?
- 받는 이와 나와의 관계는 어떤가? 서로 잘 아는 사이인가? 얼마나 친밀한가? 상대방이 고객인가, 혹은 같은 회사 소속인가? 상사인가, 혹은 팀원인가?

이메일을 보내는 목적을 뚜렷하게 하고, 상대방에 대한 분석과 이해까지 모두 마쳤다면, 이제 정말로 모든 준비를 다 마친 셈이다. 다음 장부터는 본격적으로 '명품' 영문 이메일을 직접 작성해보자.

Business
E-MaiL
The Best Recipe

III

읽고 싶은
이메일을 만드는
비법 레시피

1.
열어보지 않아도 내용이 보이는
이메일 제목 달기

> 이메일 제목은 이메일 전체의 성패를 좌우한다.
> 간결하고 핵심 요점이 한눈에 들어오게 작성해야 한다.

한 주가 멀다 하고 수많은 영화가 쏟아져 나와 극장 개봉관에 걸린다. 물론, 이들 중에는 흥행에 성공하는 영화도 있지만, 빈 객석이 안타까운 비운의 대작도 적지 않게 생긴다. 아무리 배우들의 수준 높은 열연과 아름다운 영상으로 가득 채운 완성도 높은 영화라도 관객이 외면하면 흥행 기대를 접을 수밖에 없다. 그래서 영화사들이 저마다 공들여 만들고 홍보하는 마케팅 수단 중 하나가 바로 예고편이다. 예고편이 재미있어서 사람들의 관심을 끌면 영화관으로 향하는 발걸음이 늘어날 것이다. 이와 반대로, 예고편이 별로 재미가 없으면 영화관을 찾는 관객의 수가 늘어나기는 힘들어진다.

이런 인과 관계는 이메일에도 똑같이 적용할 수 있다. 이메일의 본문 내용이 아무리 중요하고 잘 썼어도 받는 사람이 열어서 읽지 않으면 무용지물이다.

컴퓨터 및 텔레커뮤니케이션 관련 마켓 리서치 회사인 Radicati Group 통계에 따르면, 사무직 직원 한 명이 하루에 받는 이메일은 평균 121통이나 된다고 한다. 하루에 이삼백 통씩 이메일을 받는 이도 적지 않다. 이틀 연차를 쓰고 출근해서 컴퓨터를 켰더니 읽지 않은 메일 240통이 보관함을 가득 채운 채로 서로 자신을 먼저 열어달라고 아우성치고 있다면 어떤 생각부터 들까?

할 일은 태산인데 모든 메일을 다 꼼꼼히 들여다볼 수 있을까? 불가능하다면 어떤 이메일을 먼저 열어볼까? 당연히 사장이나 직속 상사, 또는 중요한 고객이 보낸 메일부터 챙길 공산이 크다. 그 다음에는? 사장이나 상사, 중요한 고객이 보낸 메일이 아니라면? 여기서부터는 전적으로 이메일 제목에 따라 갈린다. 제목만 눈으로 빠르게 훑어본 후, 중요하다고 생각하는 메일부터 먼저 열어보고 읽는다. 이런 패턴은 누구나 대부분 비슷하다. 이메일 제목을 잘 생각해서 정성스럽게 달아야 하는 이유다.

제목은 이메일의 마케팅이자 예고편이다. 예고편이 재미없으면 본영화를 거르듯이, 제목이 관심을 끌지 못하면 그 이메일은 읽히지 못한 채 휴지통으로 사라질 뿐이다. 이메일 제목에 공을 들여야만 받는 사람의 관심을 끌 수 있다.

이메일 제목을 정성껏 쓰는 사람은 얼마나 될까? 본격적으로 이메일 제목에 관해 논하기에 앞서 다음과 같은 상황을 함께 생각해보자.

외국계 회사인 SilverTrust 입사가 희망인 김시우 씨는 자신이 원하는 자리가 나기만을 오매불망 기다렸다. 드디어 SilverTrust에서 다음과 같은 채용공고를 홈페이지에 게시했다.

Accounting Specialist
- Primary Location: Seoul, Korea
- Education: Bachelor's Degree
- Employee Status: Regular
- Job ID: 1811732351

Description
The key responsibilities of the role will be as follows:
- ************
- ************

Qualifications
The candidate must possess the followings:
- Bachelor's degree in accounting
- MBA or CPA is preferred
- Three or more years of experience in financial accounting activities

원하던 회사에 지원할 기회가 생겼다는 기대감으로 가슴이 두근거리는 김시우 씨는 지극정성을 다해 입사지원서를 작성했다. 그리고 이제 입사 지원 이메일을 보낼 시간이 왔다. 김시우 씨는 이메일 제목을 어떻게 작성해야 할까? 어차피 이메일 본문과 입사지원서에 자세한 내용을 적을 테니 제목은 대충 적어도 상관없을까? 아니면 메일의 의도대로 '입사지원서 제출'이라고 하면 될까?

김시우 씨는 어차피 이메일 본문에 자세한 내용이 있으니 제목은 간단하게 메일의 의도만 밝혀서 '입사 지원'이라고 쓸지, 아니면 '김시우입니다. 귀사에 입사지원서를 제출하고자 합니다.'라고 자신을 소개해야 할지 고민하기 시작한다. 결국 김시우 씨는 사전과 번역 프로그램을 이용해서 '입사 지원'과 '입사지원서를 제출하다'에 해당하는 문구인 applying for a job과 submit a job application을 찾아놓고 한참 머리를 굴리다가 다음과 같이 제목을 달기로 한다.

To :	hrm@SilverTrust.com
Cc :	
Subject :	Hello. This is Siwoo Kim. I would like to submit a job application to your company.

과연 김시우 씨는 적절한 이메일 제목을 골랐을까?

이번에는 또 다른 상황을 가정해보자. 이미선 대리는 출근하자마자 팀장에게 당장 내년도 광고 예산 관련 회의를 잡으라는 지시를 받았다. 중요한 미팅이므로 되도록 빨리 잡았으면 좋겠다고 한다. 관련 담당자들에게 회의 요청을 보내려고 하는데, 이메일 제목을 어떻게 달아야 할지 고민되기 시작한다. 보통 이메일 제목은 짧을수록 좋다고 하니, 그냥 '미팅 요청'이라고 보내면 괜찮을 듯하다. 보통 여기까지 생각이 미치면 관련 부서 담당자에게 보내는 이메일의 제목은 "Meeting Request"가 된다(실제로 필자의 현업 경험에 비추어 보면 회의를 요청하는 수많은 메일 제목 거의 대부분이 Meeting 또는 Meeting Request였다). 이는 과연 효과적으로 이메일 제목을 작성한 것일까?

우리는 이메일 과잉의 시대에 살고 있다. 출근해서 컴퓨터를 켜면

간밤에 온 이메일로 받은편지함이 가득 채워져 있다. 업무 시간에서 이메일을 읽고 처리하는 시간의 비중은 상당하다. 받는 이메일뿐만 아니라 자신이 보내는 이메일도 줄이려는 회사가 점점 늘고 있다. 받는 사람뿐만 아니라 보내는 사람의 시간도 헛되이 쓰지 않도록 해야 회사의 생산성이 높아지기 때문이다. 당장 내가 할 일이 쌓여 있는데 이메일을 전부 꼼꼼히 읽고 처리하는 것은 상당한 부담으로 다가온다. 오죽하면 쌓인 메일을 하나씩 쳐낸다고 표현하는 사람도 있을까.

이렇기 때문에 사람들은 앞에서 말한 바와 같이 대개 제목만 보고 거르고, 그중에서 중요하거나 꼭 봐야겠다는 생각이 드는 메일만 처리한다. 이메일 제목이 이메일을 읽을지 말지 첫 번째이자 가장 중요한 기준이 된다는 이야기이다. 제목에 공을 많이 들어야 하는 이유이기도 하다.

그렇다면 열어보지 않아도 내용을 한눈에 알아볼 수 있게 제목을 달려면 어떻게 해야 할까?

1 이메일의 핵심 내용을 분명하고 구체적으로 요약한다

추상적이거나 두루뭉술한 제목으로는 본문의 내용을 정확하게 표현할 수가 없다. 메일의 핵심을 구체적이고 분명하게 적어야 한다. 메일 주제를 육하원칙에 따라 누가 언제 어디서 무엇을 왜 어떻게 하겠다는 내용인지 정리하고, 이 가운데 꼭 필요한 세부사항을 제목에 포함하자.

기업의 인사 담당자가 다음과 같은 제목의 이메일을 받았다고 생각해보자.

- Hello
- Dear Sir or Madame
- How are you?
- Application

제목만 봐서는 도저히 어떤 내용일지 알기 어렵고, 중요한 메일로 생각하기도 어렵다. 다른 중요한 메일을 열어보고 시간이 없다면 읽지 않을 가능성도 있다. 입사 지원 메일과 같이 중요한 이메일에 제목을 위와 같이 붙였다면 어떤 결과를 초래할지는 불 보듯 뻔하다.

다음과 같은 제목의 메일을 받았다면 어떤 생각이 들까?

Update

무엇에 대한 업데이트인지 알려주지 않았으므로 읽는 사람 입장에서 위의 제목만으로는 중요한 이메일인지 아닌지 가릴 수 없다. '어떤' update인지 분명하게 알려주어야 한다. 다음 메일 제목과 비교해보자.

2020 Marketing Budget Update

이 제목은 이메일 본문이 2020년도 마케팅 예산에 관한 내용임을 한눈에 알 수 있다. 어떤 내용인지 명확하므로 받는 사람이 메일의 중요도를 가릴 수 있다.

사람들은 일반적으로 큰 고민 없이 한두 단어짜리 메일 제목을 작성해서 보낸다. 이러면 대개는 다음 예시처럼 짧지만 모호하고 두루뭉술한 메일 제목이 될 가능성이 크다.

- Revision (무엇에 대한 revision일까?)
- Update (어떤 내용을 update하는지 구체적인 내용이 필요하다.)
- Information (어떤 information인지 구체적이고 분명하게 나타내야 한다.)

구체적이고 분명한 아래의 제목들과 비교해보자.

- Revisions Needed for Proposal
- Revised HR Policy
- Social Media Strategy Update
- Information on Potential Chinese Partners
- Need Discussion on Alliance with a Chinese Manufacturer

2 간결하게 한눈에 들어오게 압축해서 작성한다

앞에서 이야기한 것처럼 이메일 제목은 이메일의 예고편이다. 예고편을 본 영화의 엑기스만 응축해서 관객이 보고 싶게 만들듯이 제목도 메일 내용의 핵심만 부각해서 받는 이가 읽고 싶게 만들어야 한다. 긴 제목은 읽고 싶은 마음을 달아나게 한다. 구체적이고 분명하게 작성한다고 해서 중언부언 길어지면 안 된다. 이메일 제목에 시선이 머무는 시간은 몇십 초, 어쩌면 몇 초 이내일 수 있다. 예고편은 짧고 강렬한 것이 생명이다.

그러려면 되도록 대략 8단어 이내로 압축해서 작성하면 좋다. 최근에는 이메일을 스마트폰 등 모바일 기기로 확인해야 하는 상황이 점점 많아지고 있다. 상대방이 휴대폰으로 메일을 읽는다고 가정한다면 5~6단어 이내가 좋다. 꼭 문법이 완벽하게 들어맞는 문장이 될 필요가 없다는 사실도 기억해두자. 관사 등은 오히려 생략하는 것이 더 좋을 수도 있다.

앞에서 소개했던 2020년 마케팅 예산 업데이트에 관한 메일과 협력 가능성이 있는 중국 파트너 회사 관련 정보에 관한 메일에 각각 제목을 다음과 같이 작성했다고 가정해보자.

- I would like to give an update on the 2020 marketing budget.
- This email includes the information about potential Chinese partners.

그리고 다음 제목과 비교해보자. 어느 제목이 효과적일까?

- 2020 Marketing Budget Update
- Information on Potential Collaboration with Chinese Partners

휴대폰 화면에서는 이메일 제목이 잘려서 뒤쪽 단어들이 보이지 않을 수도 있다. 이를 고려한다면 중요한 단어를 앞으로 배치하는 것이 효과적이다. 예를 들어 신제품의 마케팅 계획에 관한 메일을 보낼 때 제목으로는 "Update on New Product Marketing Plan"보다 "New Product Marketing Plan Update"가 더 나은 선택이다.

앞에서 소개한 예제 중 2020년 마케팅 예산 업데이트와 관련해서 만약 마케팅 예산이 15% 증가했다고 가정해보자. 증액한 예산으로 새로운 마케팅 프로젝트를 추가하는 등 급하게 마케팅 계획을 수정해야 할 수도 있다. 이는 매우 중요한 정보이므로 읽는 사람의 관심을 끌 수 있고, 우선순위가 매우 높은 항목이 될 수도 있다. 이럴 때는 "2020 Marketing Budget Update: Increased 15%"와 같이 이메일 제목에 예산 증액 결과를 제시함으로써 그 내용을 더 세밀하게 소개하고 중요성도 더욱 부각할 수 있다.

또 다른 예로 당신의 외국인 상사가 싱가포르 출장을 예정하고 있다고 가정해보자. 당신의 상사는 출장 시 묵을 호텔 예약을 지시하면서 될 수 있으면 힐튼 호텔을 잡아달라고 부탁했다. 그런데 안타깝게도 그 기간에 힐튼 호텔 예약이 불가능해서 당신은 어쩔 수 없이 만다린 호텔을 예약했다. 이런 상황이라면 상사에게 결과를 보고할 때 이메일 제목을 어떻게 달아야 할까? 아마도 대부분은 다음과 같이 제목을 썼을 것이다.

To :	LSkywalker@jediforce.com
Cc :	
Subject :	Singapore Hotel Reservation: Hilton Fully Booked

'싱가포르 호텔 예약: 힐튼 만실'이라는 위의 제목은 이메일의 핵심 내용 중 절반만 반영한 제목이다. 심지어 문제점만 노출했다. 물론, 당신의 상사가 이런 제목으로 메일을 받았다면, 호텔 예약에 대한

염려 때문에라도 우선적으로 메일을 열어 내용을 확인했을 것이 틀림없다. 메일 전달의 효과성 측면으로만 본다면 성공이라고 생각할 수도 있지만, 이 역시 절반의 성공일 뿐이다. 당신은 업무상으로 상사의 지시를 완벽하게 수행했고, 문제 해결 능력을 발휘해서 대안으로 만다린 호텔 예약까지 이미 마쳤는데도 불구하고, 이메일 제목 한 줄만으로 당신의 상사에게 순간의 불안감과 실망감을 안겨주었을 수도 있기 때문이다.

따라서 아래와 같이 문제점뿐만 아니라 해결책도 함께 제시하는 방법으로 더욱 효과적인 이메일 제목을 작성하는 것이 더 좋다.

To :	LSkywalker@jediforce.com
Cc :	
Subject :	Hilton Singapore not available; booked Mandarin

수정한 이메일 제목 '힐튼 싱가포르 만실; 대신 만다린 예약'은 메일 본문의 핵심을 온전히 반영했다. 당신의 상사는 이 제목만 보고도 호텔 예약에 대해 걱정하지 않을 것이다. 심지어 다른 우선순위가 높은 일을 먼저 처리하고 나중에 메일을 열어 호텔 예약에 관한 자세한 사항을 적은 본문을 읽어도 아무 문제 없다. 이렇게 이메일 제목을 효과적으로 작성하면 회사 동료 또는 고객이 우선순위가 높은 일에 집중하고 더욱더 생산적으로 업무를 처리할 수 있게 도울 수도 있다.

제목을 시작하는 단어의 첫 글자만 대문자로 작성하거나 전치사를 제외한 모든 단어의 첫 글자만 대문자로 쓰는 것이 좋다. 예를 들어 "REVISIONS NEEDED FOR PROPOSAL"과 같이 모든 글자를 대문자로 작성하면 이는 상대방에게 고함을 지르며 이야기하는 것과 마찬가지이다.

5 핵심 키워드를 골라낸다

주고받은 이메일을 몇 달 지나서 다시 열어 보거나 전달 또는 참고 해야 하는 상황이 종종 생긴다. 하지만 아무리 자신이 써서 보낸 메일이라도 뒤늦게 찾으려면 이 역시 고생거리이다. 이럴 때를 위해 이메일 내용을 한눈에 알아볼 수 있도록 간결하게 제목을 작성하면 훗날 관련 메일을 검색할 때 시간을 크게 절약할 수 있다. 열지 않아도 내용을 알 수 있도록 제목을 달면 따라오는 부수적인 이익이다.

참고 이메일 제목만으로 내용을 전달할 수도 있다

주로 사내에서 이메일을 쓸 때, 내용이 너무 간단해서 굳이 메일 본문을 쓸 필요가 없는 경우가 발생할 수도 있다. 이럴 때는 제목 끝에 'EOM'이나 '##'을 붙여서 더 읽을 필요가 없음을 알린다. EOM은 'End of Message'의 약자며, 국내 온라인 커뮤니티 등지에서 유행어처럼 쓰는 'ㅈㄱㄴ' 또는 '제곧내(제목이 곧 내용)'와 비슷한 용어다. 하지만 고객이나 외부 기관 및 외부 인사에게 보내는 메일이나 공식적인 메일에는 사용하지 않는 것이 좋다.

- Confirming Meeting Dec. 11 at Room 302 (EOM)
- Contracts will arrive May 21 / Needs signature (EOM)

효과적으로 제목을 붙일 수 있는 좋은 방법 하나는 본문의 주요 키워드를 나열하고, 그중 꼭 필요한 키워드만 남기고 추려낸 후, 이들을 요약하는 방법이다.

6 제목과 본문이 일치하는지 확인한다

이메일의 제목을 먼저 정했다면, 본문을 완성한 뒤에 반드시 본문 내용과 제목이 일치하는지 확인해야 한다. 만약 일치하지 않는다면 본문과 부합하도록 제목을 수정한다.

이 방법이 어렵게 느껴진다면 메일 본문을 먼저 쓰고 요약해서 제목을 정하는 것이 대안이 될 수 있다. 다만, 이렇게 할 때는 본문만 쓰고 제목을 달지 않은 채로 이메일 발송 버튼을 누르는 '최악의 상황'에 유의해야 한다. 일반적인 이메일 사이트나 프로그램에서는 제목 없는 메일을 스팸메일로 간주하기 때문에 바로 휴지통으로 향할 가능성이 매우 높다. 나중에 다시 이야기하겠지만, 제목을 달았는지 여부는 이메일을 보내기 전에 반드시 확인해야 할 사항 중 하나다.

자, 이제 김시우 씨의 이메일 제목으로 되돌아가 보자. 앞에서 소개했던 김시우 씨의 제목 선택은 열지 않아도 한눈에 내용을 파악할 수 있는 것이었을까? 핵심 내용을 구체적이고 자세하게 요약했을까? 간결하고 한눈에 들어올까? 안타깝게도 그의 이메일 제목은 SilverTrust의 어떤 포지션에 응시하는지 분명하지 않다. 간결함과도 거리가 멀다. 길이도 16단어나 되고 한눈에 들어오는 내용도 아니다.

김시우 씨의 이메일 제목을 수정하기에 앞서 분석부터 해보자. 여기서 이메일을 보내는 목적은 입사지원서를 인사 담당자가 읽게 하고 인터뷰 기회를 얻는 것이다. 본문의 주제 역시 입사 지원이고, 내용에 포함할 핵심사항은 (앞에서 이야기한 대로 채용 담당자의 입장에서 내용을 정리해본다면,) 누가 어느 포지션에 지원하는지, 그리고 그 지원자가 특정 포지션에 적합한 경력/자격이 있는지 확인하는 것이다.

따라서 막연하게 입사 지원을 한다고 두루뭉술하게 표현하기보다는 어떤 포지션에 지원하는지를 분명히 할 필요가 있다. 그래야 채용 담당자가 당신이 어떤 포지션에 관심이 있는지 바로 알 수 있다.

보통 이메일로 입사 지원을 할 때 "Applying for a Job", "Job Applicant", "Job Application" 등의 제목을 고르는 사람이 많은데, 여기에는 구체적으로 어떤 포지션에 지원하는지가 나타나 있지 않다. 여러 포지션 채용을 함께 진행하는 담당자 입장에서는 지원하는 포지션이 명확할수록 분류 및 우선순위 매기기 등과 같은 관리가 쉬워진다. 어떤 회사는 이메일 제목만 가지고 자동 분류를 돌리기도 하는데, 이럴 때 운이 없다면 당신의 지원 이메일이 다른 포지션 분류함에 섞일 수도 있다.

김시우 씨의 사례에서도 Accounting Specialist Position의 지원자라는 사실을 "Accounting Specialist Applicant"나 "Accounting Specialist Application" 정도로 분명하게 메일 제목에 밝히는 것이 좋다. 채용공고에 있는 Job ID나 Job Posting Number를 표기해도 좋다.

정리하자면, 입사 지원 이메일 제목은 다음과 같이 쓰면 좋다.

> [Position Name] Applicant (또는 Application) - [지원자 이름]
>
> Job ID [Job ID number]: [Position Name] - [지원자 이름]
>
> (Job ID를 기입하는 경우에는 Position Name을 생략할 수도 있다.)

ex
> Sales Manager Applicant - Taeho Lee
>
> HR Manager Application - Taeho Lee
>
> Accounting Director Position - Taeho Lee
>
> Job ID1811732350: HR Manager - Taeho Lee

그리고 세 번째 원칙에서 설명했던 것처럼 장점이나 강조사항도 포함하면 좋다. 인사 담당자 입장에서도 지원자가 회사가 원하는 조건에 부합한다면 더욱더 관심을 가질 것이 틀림없다. 채용공고에서 CPA나 MBA와 같이 특정 조건을 갖춘 지원자를 선호한다고 밝혔다면, 당연히 자신이 그에 적격이라는 사실을 부각할수록 유리하다. 따라서 채용공고에서 회사가 해당 포지션에서 요구하거나 선호한다거나 도움이 된다고 직접 언급한 자격증이나 학위를 보유하고 있다면, 그 사실을 입사 지원 이메일 제목에 반영하는 것이 좋다. 경력이 회사에서 원하는 필수 요구사항이거나 중요한 사항이라면 이를 부각하는 것도 좋은 방법이다. 다음과 같이 간단하게 덧붙이면 된다.

- Sales Manager Applicant - Taeho Lee, MBA

- HR Manager Application - Taeho Lee, MBA

- Sales Director Applicant - MBA with 7 year experience

처음에 소개했던 김시우 씨의 사례라면 이렇게 정리할 수 있겠다.

- Accounting Specialist Applicant - Siwoo Kim, CPA
- Accounting Specialist Application - Siwoo Kim, MBA

이메일로 입사 지원을 받는 회사로서는 당신이 보낸 이메일의 제목이 첫인상을 결정하는 기준일 수 있다. 어떤 메일이 회사가 원하는 조건에 부합하는 프로페셔널하고 잘 준비된 지원자라는 인상을 줄 수 있을까?

이제 마지막으로 김시우 씨가 맨 처음 골랐던 이메일 제목과 수정을 거친 후의 제목을 비교해보자.

To :	hrm@SilverTrust.com
Cc :	
Subject :	Hello. This is Siwoo Kim. I would like to submit a job application to your company.

수정 전

To :	hrm@SilverTrust.com
Cc :	
Subject :	Accounting Specialist Applicant-Siwoo Kim, CPA

수정 후

다음으로 이미선 대리의 메일 제목을 살펴보자.

당신이 이미선 대리가 보낸 이메일의 받는 사람 중 하나라고 생각해보자. 오늘 할 일은 태산인데 수북이 쌓인 이메일을 보면 마음이 답답하다. 우선 사장이나 팀장, 또는 주요 고객에게서 온 편지가 있는지 살핀다. 그리고 이메일 제목만 빠르게 눈으로 스캔하는데 "Meeting Request"라는 문구를 마주하게 된다. 그럼 대부분 이런 생각부터 떠오를 것이다. '어떤 미팅이지? 내가 꼭 참석해야 하는 중요한 미팅인가? 프로젝트 마감이 다음 주라 바쁜데, 따로 시간을 내야 하나? 아니면 미뤄도 될까?'

"Meeting Request"란 제목은 간결하기는 하지만, 어떤 미팅인지 핵심 내용이 빠져 있다. 따라서 이메일이 어떤 내용일지 가늠하기 어렵고, 다른 일정이나 할 일과 견주어 우선순위를 매기기도 난감하다. 미팅의 목적이 무엇인지, 얼마나 중요한지를 제목만 보고 가늠할 수 없는데, 다른 제목의 이메일들과 비교해서 이 메일을 우선적으로 열어볼 이유가 있을까?

이제 이메일 제목을 다음과 같이 수정해보자.

Meeting Request: 2020 Advertising Budget Review

자, 이제 받는 사람은 어떤 미팅에 관한 메일인지 알 수 있다. 내년도 광고 예산에 관한 리뷰 회의다. 다른 일들과 견주어 우선순위도 정할 수 있다. 언제 어디서 열지는 관련 담당자들과 정해야 하므로 굳이 제목에 넣지는 않아도 괜찮다.

만약 이 회의가 매우 급하게 이루어져야 하는 상황이라면, 다음과 같이 급하다는 표시를 제목에 달아야 할 것이다.

[Urgent] Meeting Request: 2020 Advertising Budget Review

일반적으로 미팅을 요청할 때는 다음과 같은 사항들이 핵심적으로 제목에 포함되어야 한다.

- 무엇에 관한 미팅인가: Annual Plan Review(연간 계획 검토), Project Kickoff(프로젝트 시작) 등
- 미팅 일자, 필요하다면 시간도 포함한다.
- 보내는 사람을 밝히는 것이 도움이 된다면 이 역시 포함해도 좋다.

ex

> Meeting Request from Misun: 2020 Advertising Budget Review

정리하자면, 다음과 같이 나타낼 수 있다.

> **Meeting Request:**
> **[Meeting Name 또는 미팅 내용] + [Meeting 일자]**

ex

> 프로젝트 진행 상황에 관해 업데이트하는 미팅에 참석을 요청할 때
> Meeting Request: Project Progress Update on March 12
>
> 만약 위의 미팅 일정이 7월 31일로 확정되어 받는 사람의 참석을 요청할 때
> Meeting Request: Project Progress Update on July 31

이제 미팅 요청 이메일에 제목을 "Meeting" 또는 "Meeting Request" 라고 모호하게 보내는 일은 없을 거로 확신한다.

지금까지 배운 것들을 연습 문제를 통해 조금 더 익혀보자.

---

1 관련 부서 담당자들에게 ABC Project의 킥오프 미팅을 요청해야 한다. 지금까지 배운 것들을 활용해서 이메일의 제목을 작성해보자.

---

2 이번에는 Social Media Strategy를 논의해야 할 미팅이 5월 7일로 확정되었다는 이메일의 제목을 작성해보자.

---

3 2번의 미팅 일정이 5월 11일로 변경되었다는 이메일의 제목과 취소되었다는 이메일의 제목을 각각 작성해보자.

답

1 Meeting Request: ABC Project Kickoff
2 Social Media Strategy Meeting on May 7
3 Social Media Strategy Meeting rescheduled to May 11
  Cancelled: Social Media Strategy Meeting

2.
이메일 본문은 처음부터
돌직구를 던져야 한다

> 이메일은 시작이 반이 아니라 거의 전부이다.
> 처음 한두 문장을 읽자마자 메일을 보낸 목적이 무엇인지,
> 핵심 내용은 무엇인지 단박에 알 수 있어야 한다.

앞장에서는 성공적인 이메일의 1차 관문인 핵심 요점이 한눈에 들어오는 간결한 제목을 달아보았다. 하지만 서류 전형을 통과했다고 입사가 결정되지 않듯이 이메일 제목만으로 당신이 메일을 보낸 목적을 달성할 수 있는 것은 아니다. 그 다음으로 중요한 점은 어떻게 이메일 본문을 시작하는가다. 이메일에서는 시작이 반이 아니라 시작이 거의 전부라고 해도 과언이 아니다.

당신이 이메일을 읽는다고 생각해보자. 본문 전체를 정독하고 숨은 의미를 음미하지는 않을 것이다. 그보다는 처음 몇 줄을 읽으면서 시간을 더 들여 읽어야 하는 메일인지 아닌지를 판단할 공산이 훨

씬 더 크다. 더 읽을 가치가 있다는 생각이 들면 그제야 나머지 내용을 훑어보며 중요한 정보가 있는지를 파악할 것이다.

핵심 요점이 분명한 이메일 제목을 보고 읽어보기로 마음먹은 받는 사람은 본문에서 곧바로 그 요점의 내용을 설명해주기를 기대할 것이다. 그런 마음으로 본문의 한두 문장을 읽었는데, 메일 제목에서 기대했던 바와 다른 내용이 나온다거나 무슨 내용인지 파악하기 어렵다면? 더구나 모르는 사람에게서 온 이메일이라면 당신은 그 뒤의 내용을 읽는 수고를 더 들이지 않을 가능성이 매우 크다. 만약 업무 메일이라면 그 내용을 파악하기 위해 상당한 노력과 시간을 들일 것이며, 답장을 보내거나 메일 내용을 처리하는 시간은 그만큼 늦어질 것이다.

따라서 본문을 시작하는 한두 문장만으로 받는 사람이 이 메일을 읽어야 할 이유를 알려주어야 한다. 중언부언하지 말고 본론으로 바로 들어가자는 이야기이다. 바쁜 직장인들은 당신이 보낸 이메일에 많은 시간을 들일 여유가 없다. 그래서 처음 한두 문장에 메일의 목적이 무엇인지, 가장 중요한 정보가 무엇인지 명확히 서술하고, 본문의 나머지 부분에 그 목적과 정보에 관한 자세한 설명이나 진술을 덧붙이는 방식이 좋다. 그래야 받는 사람의 귀중한 시간도 허비하지 않게 할 수 있다.

바로 이것이 이 장 첫머리에 '돌직구를 던지라'고 말 그대로 처음부터 돌직구를 던진 이유이다. 이메일을 쓸 때는 말하고자 하는 메시지나 가장 중요한 정보를 이메일의 도입부에 두자. 조금 더 고상하게 표현하자면 '두괄식 서술 구조'를 이용하자는 이야기이다.

그러면 구체적으로 이메일 도입부를 작성하는 방법에 관해 알아보자.

첫 문장에서 이메일을 보내는 이유를 명확하게 한다. 영어로 글을 쓰는 데 능숙하다면 상황에 따라 다양한 표현을 사용할 수 있겠지만, 영작문에 자신이 없다면 메일의 목적을 간단하고 직접적으로 표현할 수 있는 가장 일반적인 문장으로 "I am writing to + 동사" 혹은 "I am writing regarding + 명사" 정도를 기억해두자. 예를 들어 광고 예산 리뷰 미팅에서 논의한 주제를 확정하는 것이 메일의 목적이라면 아래와 같이 작성할 수 있다.

I am writing to confirm the main points we discussed during the budget review meeting.
지난 예산 검토 회의에서 논의된 핵심사항을 확정하고자 메일 드립니다.

"I am writing regarding + 명사"의 형태로 작성할 수도 있지만, 동사의 형태로 작성하는 경우가 더 구체적인 경우가 많다. 영어 표현이 익숙하지 않다면 "I am writing to + 동사" 형태의 구문을 추천한다.

"I am writing ......" 외에도 쓸 수 있는 표현은 아주 다양하다. 다음 장에 보편적으로 많이 사용하는 영어 표현을 항목별로 정리해두었으니 참고하기 바란다. 적절한 영어 표현이 떠오르지 않는다면 각 상황에 맞는 표현을 골라 효과적인 시작 문장을 작성해보자. 참고로 모르는 사람에게 이메일을 처음 보낼 때는 도입부에 간단한 자기 소개나 회사 소개가 필요하다. 이에 관해서는 뒤에서 다시 설명한다.

I am writing to + 동사	I am writing regarding + 명사
• confirm my reservation 　예약을 확정하기 위해	• the invoice 　청구서에 대해
• inquire about your ...... 　......에 관해 문의하기 위해	• the meeting 　미팅에 대해
• request some information 　정보를 요청하기 위해	• your offer to ...... 　......에 관한 제안에 대해
• inform you about ...... 　......에 관해 알려주기 위해	• our order #12345 　12345번 주문 건에 대해
• apologize for ...... 　......에 대해 사과하기 위해	• receipt of ...... 　......의 영수증에 대해
• complain about ...... 　......에 대해 불만을 제기하기 위해	

일반적으로 우리가 이메일을 보내는 목적은 다음에 나열한 상황들 중 하나에 해당한다.

• 어떤 정보나 조언을 구할 때
• 상대방이 특정한 행동을 하도록 부탁/설득할 때
• 문서를 보낼 때
• 정보/약속 등을 확정하거나 확인을 부탁할 때
• 감사를 나타내거나 불만을 표시할 때
• 의견이나 제안을 할 때
• 사실/정보를 설명할 때

1) 어떤 정보나 조언을 요청/부탁할 때 쓸 수 있는 표현

- I am writing to inquire about ......

- I would be (very) interested in receiving/finding out further details/
  information about ......

- I would be interested to receive more information on ......

- I would be interested to find more about ......

- I would appreciate further information on ......

- I would be grateful for your advice concerning/on ......

- Please could you give me some details concerning ......

2) 정보나 조언을 줄 때 쓸 수 있는 표현

- I am writing to inform you that ......

- I am writing to advise you that ......

- Please be informed that ......

- Please be advised that ......

- In response to your inquiry, may we suggest that ......

3) 확인/확정을 하거나 부탁할 때 쓸 수 있는 표현

확인/확정할 때

- I am writing to confirm ......

- I would like to confirm ......

- I would like to inform you that we are able to confirm ......

확인/확정을 부탁할 때

- Would you please confirm ......

- Please could you confirm ......

- I would be grateful if you could confirm ......

- Please confirm ......

4) 사실/정보를 설명하거나 명확하게 하고자 할 때 쓸 수 있는 표현

- I am writing to explain/clarify ......

- I would like to explain/clarify [something] concerning/regarding ......

- I would like to take this opportunity to explain/clarify ......

5) 특정 행동을 부탁할 때 쓸 수 있는 표현

- I would be grateful if you could ......

- I would be grateful if this matter could be resolved as quickly as possible.

- I would greatly appreciate if you would ......

- Could you send me more detailed information on ......?

- Would you ......?

- Could you take the trouble to ......?

6) 파일/문서를 첨부할 때 쓸 수 있는 표현

- Please find the attached/enclosed [문서 명] ......

  (상대방이 요구했다면 as requested, 전에 논의된 문서라면 as discussed를 앞에 붙일 수 있다.)

- Enclosed/attached please find the documents you requested regarding

  ......

- As discussed/requested, I am sending you the document regarding ......

- I am pleased to enclose the documents you requested regarding ……

상대방이 당신 회사의 서비스나 제품에 관해 문의해서 답장으로 문서를 첨부할 때는 먼저 회사의 서비스나 제품에 관심을 가져줘서 감사하다는 문구를 먼저 써주는 편이 좋다.

- Thanks for your interest in our [service 혹은 제품].

ex
> As you asked, please find the attached preliminary agenda for the marketing budget meeting on the 7th of May.
> 요청하신 바와 같이 5월 7일에 있을 마케팅 예산 회의의 사전 준비 아젠다를 첨부파일로 보내드리오니 확인 부탁드립니다.
>
> Thanks for your interest in our service. As requested, I am sending you the proposal regarding ……
> 저희 서비스에 관심을 가져주셔서 감사합니다. 요청하신 대로 ……에 관한 제안서를 보내드립니다.

7) 사과할 때 쓸 수 있는 표현

- Please accept our apologies for ……
- My sincere apologies for ……
- We sincerely apologize for ……

8) 불만을 표시할 때 쓸 수 있는 표현

- I am writing to complain about ……
- I am writing to express my concern about ……

9) 상대방의 이메일에 답장을 쓸 때 쓸 수 있는 표현

상대방이 보내온 메일에 답장하는 경우라면 다음과 같이 이메일을 시작할 수 있다.

- I am writing in response to your email of [이메일 받은 날짜]
- I am writing in response to your email of [요청 내용]
- I am writing in response to your email regarding ......
- Thank you for your email regarding ......
- Thank you for your email of [이메일 받은 날짜]
- With reference to you email of [이메일 받은 날짜] ......

10) 자기 소개에 관한 표현: 상대방에게 처음 이메일을 보낼 때

모르는 사람에게 이메일을 보낼 때는 메일의 목적을 설명하기 전에 간단한 자기 소개가 필요하다. 이에 해당하는 표현 역시 다음에 정리해두었다. 일반적으로 자신의 이름과 회사, 그리고 어떤 일을 맡고 있는지 알려준다. 간혹 처음 보내는 메일에 자기 이름만 소개하는 사람이 더러 있는데, 비즈니스 메일에서는 맡고 있는 업무와 소속이 더 중요하다는 사실을 꼭 기억하자.

- I am the new head of marketing for Moonstone and I am writing ......
- My name is Mijoo Choi, and I am the general manager at ABC company.

지금까지 각 상황에서 쓸 수 있는 영어 표현들을 살펴보았다. 예시로 제시해둔 표현을 활용해서 상황별로 이메일 본문의 시작 문장을 만들어보자.

1 어떤 회사에서 새로 출시한 친환경 주방제품에 관해 더 많은 정보를 얻고 싶다는 이메일을 보낼 때의 시작 문장을 작성해보자.

2 1번의 이메일을 받은 담당자가 답장을 보낼 때의 시작 문장을 작성해보자. 이 경우에는 제품 소개 문서를 첨부해서 보내게 될 것이다.

답

1 특별한 영어 표현이 떠오르지 않는다면 I am writing to ...... 형태를 쓰면 된다.
  I am writing to inquire about your new environment-friendly kitchen product.
  또는 I would be (very) interested ...... 정도의 표현을 써도 좋다.
  I would be very interested to receive further details about your new environment-friendly kitchen product.

2 "Enclosed/attached please find the documents/file/information you requested regarding ......" 혹은 "Please find the attached/enclosed ......" 정도의 표현을 사용하면 된다. 또한 문서 첨부 표현에서 이야기했듯이 우리 회사 제품에 관심을 가지고 먼저 메일을 준 것에 대한 감사를 잊지 말자.
  Thanks for your email and your interest in our new environment-friendly kitchen product.
  또는 Attached please find a detailed description regarding the product.
  또는 As requested, I am sending you the document regarding the product.

3.
읽기 쉽고 분명하게
본문 쓰기

1 이메일 플레이팅: 보기 좋고 이해하기 쉽게 쓰자

'보기 좋은 떡이 먹기도 좋다.'라는 속담이 있다. 최근 들어 이 속담처럼 음식을 더 맛있게 보이도록 연출하는 플레이팅(plating)에 사람들의 관심이 높아졌다. 음식의 맛뿐만 아니라 시각적 측면도 중요해진 것이다. 색과 모양이 어울리는 음식을 예쁜 접시 위에 담으면 음식의 생기와 아름다움이 더해지는 느낌이 나는 것도 사실이다.

물론, 훌륭한 플레이팅은 단지 시각적인 만족에 그치지 않는다. 음식을 조화롭게 배치하고 순서를 정해서 고객이 먹기 편하도록 배려한다. 이러면 고객은 음식을 맛보기 전부터 좋은 인상과 제대로 대접받는다는 느낌을 받고, 편하게 식사할 수 있으며, 더욱 만족스러운 경험을 할 수 있다.

이메일도 음식처럼 플레이팅이 필요하다. 같은 내용이더라도 보기 좋게 플레이팅한 이메일은 받는 사람이 읽고 싶은 마음이 들게 한다.

그렇다면 어떻게 해야 이메일을 보기 좋게 플레이팅할 수 있을까? 앞에서 이야기한 대로 이메일을 한 단어 한 단어 음미하며 꼼꼼히 정독하는 사람은 거의 없다. 대부분 핵심 정보를 추출하기 위해 빠르게 훑어볼 뿐이다. 따라서 받는 사람이 빠르게 읽어 내려가도 쉽게 중요한 내용을 파악할 수 있도록 써야 한다. 보기에도 편하고 읽기에도 쉬운 이메일을 써야 읽고자 하는 마음을 불러일으킬 수 있을 뿐만 아니라 받는 사람이 핵심 내용을 빠르게 파악할 수 있다.

이메일을 읽기 좋게 쓰는 방법에도 KISS(Keep It Short and Simple) 원칙을 적용할 수 있다. 길게 쓰는 것을 피하자. 이메일에는 꼭 필요한 핵심만을 포함하며 간결하고 분명하게 쓰도록 한다.

그러면 어떻게 하면 읽기 쉽고 이해하기 쉬운 이메일이 되는지 구체적으로 알아보도록 하자.

1) 문장은 짧을수록 좋다

간결하고 분명하게 쓰는 것이 비즈니스 메일의 요체이다. 위에서 설명한 KISS 원칙을 기억하자. 문장은 되도록 짧게 쓰고, 긴 문장은 피한다. 특히, 내용이 복잡하거나 전문적인 내용을 전달할 때일수록 문장을 짧게 쓰는 것이 좋다. 문장이 길수록 읽기 어렵다고 느껴지며 이해하기도 까다로워진다.

또한, 영어가 모국어가 아닌 사람이 영어로 길게 쓰면 쓸수록 당연히 문법 오류를 범하거나 어색한 문장을 쓸 가능성은 커진다. 짧은 문장을 쓰면 문법이나 영어의 오류도 줄이거나 피할 수 있다.

문장을 간결하게 만드는 유용한 요령 하나를 먼저 소개하면, 핵심 단어만 남기고 불필요한 수식어들을 제거하면 훨씬 더 문장이 간결하고 분명해진다는 것이다. 자세한 설명은 뒤에 나오는 '간결하고 명확하게 영어 문장 쓰기'에서 다루기로 한다.

2) 문단도 짧을수록 좋다

문단도 짧을수록 좋다. 등산할 때 정상이 저 멀리 까마득히 보이면 힘이 빠지는 것처럼 영어 단어가 빼곡히 채워진 긴 문단들을 보면 한숨부터 나오는 것이 인지상정이다.

일단 한 문단은 한 가지 주제만 다룬다. 그리고 되도록 한 문단은 5~6문장 이내로, 줄 수로는 6줄을 넘지 않도록 한다. 또한, 전체 메일의 문단 수도 5개 이내로 해서 이메일이 한 컴퓨터 스크린을 넘어가지 않도록 구성하자. 메일 내용 전체가 한 화면을 넘어가서 스크롤을 내리며 읽게 만드는 것은 받는 사람을 번거롭게 하는 일이다. 내용이 한 화면 이상으로 길어질 것 같으면 파일로 첨부하는 편이 더 좋다.

3) 문단을 나누고 문단과 문단 사이에는 빈칸을 띄운다

다음 이메일을 비교해보자. 두 메일 모두 ABC 회사의 영업 담당자 강민호가 DEF 회사의 프랭크 김을 통해 소개받은 Martha Bower 라는 사람에게 새로운 소프트웨어 애플리케이션에 관해 설명하고자 미팅을 제안하는 내용이다.

똑같은 내용인데도 첫 번째 이메일보다 두 번째 이메일이 훨씬 읽기 수월하다. 문단 구별 없이 내용이 화면을 가득 채운 이메일을 열어 본다면 아무리 간단한 내용이라고 해도 읽기 부담스럽다는 느낌이 들거나, 심지어 읽고 싶은 마음이 싹 사라질 수도 있다. 내용에 따라 문단을 나누고, 문단 사이에는 빈칸으로 여백을 두자. 그래야 가독성도 높이고 정보를 쉽게 파악하도록 만들 수 있다.

✉ 메일 a

Dear Ms. Martha Bower,

My name is Minho Kang. I am the senior sales manager of ABC company. Frank Kim from the DEF company gave me your email address because he thought that you might be interested in learning more about our new software application. I would like to schedule a meeting with you to discuss the software application in more detail. I would be grateful if you could let me know when it would be most convenient for you to meet. I look forward to meeting you soon.

Best regards,

Minho Kang

마사 바우어 님께

저는 강민호라고 합니다. ABC 회사의 선임 영업 관리자입니다. DEF 사의 Frank Kim이 귀하께서 우리 회사의 새로운 소프트웨어 프로그램에 관심이 있어 더 자세한 사항을 알고 싶어할거라고 해서 제게 이메일 주소를 알려주어 연락드리게 되었습니다. 소프트웨어 응용 프로그램에 관해 더 자세히 말씀드리기 위해 만나뵐 수 있는 일정을 잡았으면 합니다. 가장 편하신 시간을 알려 주시면 감사하겠습니다.
곧 만나뵙기를 기대합니다.

감사합니다.

강민호 배상

 메일 b

Dear Ms. Martha Bower,

My name is Minho Kang. I am the senior sales manager of ABC company. Frank Kim from the DEF company gave me your email address because he thought that you might be interested in learning more about our new software application.

I would like to schedule a meeting with you to discuss the software application in more detail.

I would be grateful if you could let me know when it would be most convenient for you to meet.

I look forward to meeting you soon.

Best regards,

Minho Kang

마사 바우어 님께

저는 강민호라고 합니다. ABC 회사의 선임 영업 관리자입니다. DEF 사의 Frank Kim이 귀하께서 우리 회사의 새로운 소프트웨어 프로그램에 대해서 관심이 있어 더 자세한 사항을 알고 싶어할거라고 제게 이메일 주소를 알려주어 연락드리게 되었습니다.

소프트웨어 응용 프로그램에 관해 더 자세히 말씀드리기 위해 만나뵐 수 있는 일정을 잡았으면 합니다.

가장 편하신 시간을 알려 주시면 감사하겠습니다.

곧 만나뵙기를 기대합니다.

감사합니다.

강민호

4) 한 이메일에는 한 가지 주제만 담는다

하나의 이메일에는 한 가지 목적만 담도록 하자. 목적이나 이유가 두 가지 이상이라면 이메일을 나누어 보내서 받는 사람이 한 가지에 집중해서 읽을 수 있도록 배려하는 것이 좋다. 수많은 이메일을 받는 상대방은 당신이 보낸 이메일만 집중해서 꼼꼼하게 읽을 수 있는 상태가 아니라는 사실을 기억하자. 엘리베이터 피치처럼 상대방이 주의를 집중할 수 있는 시간은 매우 짧기 때문에 이 찰나의 시간에 가장 중요한 사항만 전달해서 관심을 끌어야 한다. 그래야 이메일을 읽는 상대방이 그 주제에만 집중할 수 있다. 만약 다른 중요한 메시지가 있다면, 별도 이메일로 보내는 것이 좋다. 한 이메일에서 중요한 주제는 딱 하나뿐이어야 한다.

다음 이메일을 살펴보자. 강민호가 베티의 제안서를 검토한 후, 수정사항을 알려주고 다음 주 월요일까지 수정된 제안서를 보내줄 것과 5월 22일 오전 10시에 있을 월례 관리자 회의에서 현재 프로젝트에 관한 업데이트를 준비할 것이 주요 내용이다.

✉ 메일 c

Subject	Revisions Needed for Marketing Proposal

Hi, Betty,

Thanks for sending the proposal on time. After reviewing the proposal, I found that a chart should be added on page 23 and the same data are included on page 30 and 31. Could you send the revised proposal by next Monday?

Also, our monthly manager meeting is scheduled for Tuesday, May 22, from 10 to 11 am, at the conference room. Please be prepared to give an update on the current project.

Best,

Minho

제목	마케팅 제안서 수정 필요

베티에게

제시간에 제안서를 보내주셔서 감사합니다. 제안서를 검토해보니 23페이지에는 차트를 추가해야 하며, 30페이지와 31페이지에는 중복된 데이타가 사용되었습니다. 다음 주 월요일까지 수정한 제안서를 보내줄 수 있겠습니까?

그리고 우리의 월간 관리자 회의 일정이 5월 22일 화요일 오전 10시부터 11시까지로 잡혔습니다. 프로젝트 현황을 업데이트할 수 있도록 준비해오시기 바랍니다.

감사합니다.

민호

위의 메일에는 마케팅 제안서 수정에 관한 내용과 미팅에 관한 요청 두 가지 주제가 함께 담겨 있다. 만약 받는 사람이 제목만 보고 메일 내용을 읽지 않는다면 미팅에 관한 내용을 놓칠 수도 있다. 이럴 때는 다음과 같이 이메일을 두 통으로 나누어 보내는 것이 바람직하다.

✉ **메일 d**

Subject	Revisions Needed for Marketing Proposal

Hi, Betty,

Thanks for sending the proposal on time. After reviewing the proposal, I found that a chart should be added on page 23 and the same data are included on page 30 and 31. Could you send the revised proposal by next Monday?

Thanks,

Minho

| 제목 | 마케팅 제안서 수정 필요 |

베티에게

제시간에 제안서를 보내주셔서 감사합니다. 제안서를 검토해보니 23페이지에는 차트를 추가해야 하며, 30페이지와 31페이지에는 중복된 데이타가 사용되었습니다. 다음 주 월요일까지 수정한 제안서를 보내줄 수 있겠습니까?

감사합니다.

민호

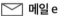 메일 e

| Subject | Monthly manager meeting on May 22 at 10 am |

Hi, Betty,

Our monthly manager meeting is scheduled for Tuesday, May 22, from 10 to 11 am, at the conference room. Please be prepared to give un update on the current project.

Warm regards,

Minho

제목	5월 22일 10시 월간 관리자 회의

베티에게

우리의 월간 관리자 회의 일정이 5월 22일 화요일 오전 10시부터 11시까지로 잡혔습니다. 프로젝트 현황을 업데이트할 수 있도록 준비해오시기 바랍니다.

감사합니다.

민호

5) 글머리 기호 목록(bulleted list)을 활용한다

글머리 기호를 붙인 목록에는 여러 가지 장점이 있다. 우선 받는 사람에게 더 빠르고 분명하게 메시지를 전달할 수 있다. 핵심 단어나 요점 위주로 작성해서 글의 길이를 줄일 수 있으므로 가독성을 높인다. 문법적 구성이 완전한 서술형 문장을 매번 만들 필요가 없기 때문에 영어가 능숙하지 않더라도 영어 표현이나 문법 실수가 적어진다는 이점도 있다.

● 글머리 기호 목록 구조
글머리 기호 목록의 형태는 일반적으로 다음과 같다.

목록 머릿글:

- 항목 1

- 항목 2

- 항목 3

목록 머릿글:

1. 항목 1

2. 항목 2

3. 항목 3

목록 머리글은 해당 항목이 무엇인지 소개하는 도입 문장이다. 다음 예제에서는 "Agenda items for the meeting will include:"가 목록 머리글이고, 그다음 항목들이 해당 내용임을 알려주는 역할을 한다.

ex

Agenda items for the meeting will include:

- Update on the progress of the new project
- Discussion on new hiring policy
- Preparation of ABC project

회의 안건:

- 새 프로젝트 진행상황 업데이트
- 새 고용 방침에 대한 논의
- ABD프로젝트 제안서 준비

글머리 기호를 사용하여 목록을 만들 때는 첫째, 전달하려는 내용을 빠짐없이 포함했는지, 둘째, 읽기 쉽고 이해하기 쉬운지 확인해야 한다. 일반적으로 목록과 목록 사이는 띄지 않는 것이 좋다. 단, 항목이 길어져서 한 줄이 넘어간다면 항목과 항목 사이는 띄우는 편이 좋다. 번호가 매겨진 목록(numbered list)은 요리 레시피처럼 정해진 순서로 진행할 사항을 목록으로 만들 때 사용한다.

● **글머리 목록 기호의 구조와 형식, 일관성을 유지한다**

글머리 목록 기호를 사용할 때 가장 중요한 사항은 모든 항목이 일관성을 유지해야 한다는 것이다. 구조와 형식이 모두 동일해야 더 빠르게 정보를 파악하고 내용을 소화할 수 있다. 일관성을 유지하지 못하면 받는 사람에게 프로페셔널한 인상을 남기기도 어렵다.

구조와 형식의 일관성을 유지한다는 것은 만약 첫 번째 항목이 특정 문법 형태, 예를 들어 동사로 시작했다면 나머지 항목도 모두 동사로, 만약 동명사로 시작했다면 나머지 항목도 모두 동명사로 표현해야 한다는 의미이다. 각 항목은 같은 품사로 시작해야 하고 동일한 문법적 형태를 유지해야 한다.

구조와 형식의 일관성 유지는 가독성과 이해를 높일 뿐만 아니라 메시지를 더 세련되어 보이게 해준다.

다음 예제를 살펴보자.

ex   We are looking for volunteers who can do the followings:

- communicate effectively
- developing marketing materials
- social media management
- design brochure, leaflets, etc.

위 예제의 항목들은 일관성에서 벗어나 있다. 첫 번째 항목은 communicate라는 동사로, 두 번째 항목은 developing이라는 동명사로, 세 번째 항목은 management라는 명사로, 마지막 항목은 design이란 동사를 각각 사용해서 표현했다.

일관성을 유지하기 위해서는 다음과 같이 항목의 형태를 통일해야 한다.

ex
We are looking for volunteers who can do the followings:

- communicate effectively
- develop marketing materials
- manage social media
- design brochure, leaflets, etc.

다음 업무를 수행할 수 있는 자원봉사자를 모집합니다.

· 효과적인 의사소통
· 마케팅 자료 개발
· SNS 관리
· 브로셔, 전단지 등의 디자인

경험에 비추어 보면 많은 이메일에서, 심지어 원어민이 쓴 메일에서도 일관성을 지키지 못하는 사례가 많았다. 글머리 기호나 리스트를 사용할 때는 반드시 일관성이 지켜졌는지 꼼꼼히 살펴보자.

● **같은 주제의 내용만 항목으로 포함한다**

머리말에서 소개한 주제와 연관된 사항만 각 항목에 기술한다. 주제를 벗어난 엉뚱한 내용은 포함하지 않는 것이 더 논리적이고 혹시 모를 오해나 혼란을 피할 수 있다.

The market overview report needs to include the followings:

- The current and evolving business environment for toy companies
- The current and evolving policy environment
- Recommendations on marketing strategy and risk management
- Please meet the deadline of Friday, September 27, 2020

시장 개요 보고서에 포함되어야 할 내용:

- 장난감 회사들의 사업환경 현황과 전망
- 정책환경 현황 및 전망
- 마케팅 전략 및 위험관리에 대한 조언
- 2020년 9월 27일 마감 준수를 부탁

위의 예제에서 마지막 항목은 리포트 마감을 지켜달라는 내용으로 리포트에 포함할 내용과 거리가 멀다. 이때 마지막 항목은 이메일의 다른 부분에 서술하거나 다음과 같이 항목 머리글에 포함할 수도 있다.

Please meet the deadline of Friday, September 27, 2020 and the market overview report needs to include the followings:

- The current and evolving business environment for toy companies
- The current and evolving policy environment
- Recommendations on marketing strategy and risk management

2020년 9월 27일 금요일 마감을 준수해주시길 바라며, 시장 개요 보고서에는 다음과 같은 내용이 필요합니다.

- 현재 및 향후 장난감 회사의 사업 환경
- 현재 및 향후 정책 환경
- 마케팅 전략 및 위험관리에 대한 조언

● 글머리 기호 목록을 만들 때 피해야 할 사항

목록의 개수가 너무 많아도 좋지 않다. 목록 전체가 한눈에 들어오게 하려면 되도록 3~4줄 미만으로 만드는 것이 좋다. 목록의 문장도 한 줄을 넘지 않는 것이 이상적이다. 글머리 기호 목록의 문장이 길어지면 본연의 장점이 퇴색된다. 또한, 항목 리스트가 한 화면을 넘길 정도로 길어져서 스크롤을 하는 상황은 피하도록 한다. 리스트가 너무 길어진다면 차라리 항목 리스트를 하나 더 추가하는 것이 가독성을 높일 수 있다. 항목에서는 In addition이나 Furthermore 등과 같이 불필요한 단어로 시작하는 것을 피하자.

78페이지 하단 예제의 목록에서도 다음 밑줄 친 단어가 들어가 있었다면 전부 쳐내야 한다.

- The current and evolving business environment for toy companies
- In addition, the current and evolving policy environment
- Furthermore, recommendations on marketing strategy and risk management

2 간결하고 명확하게 영어 문장 쓰기

이메일은 간결한 것이 미덕이다. 왜냐하면 우리가 이메일을 보내는 상대방은 회사 일로 분주하기 때문이다. 보고서에 발표 준비, 고객과의 미팅 등 산적한 일을 힘겹게 헤쳐나가야 하는 일상에 놓여 있을 것이다. 더욱이 읽고 처리해야 할 이메일 수백 통이 받은편지함에서 열어주기를 기다리고 있다. 이메일이 짧고 간결해야 그들의 소중한 시간을 허비하지 않게 해준다.

몸짱이 되고 싶으면 근육만 단련해서는 안 된다. 지방도 제거해야 한다. 두터운 체지방이 몸을 뒤덮은 사람이라면 힘들여 근육을 만들어도 눈에 띄지 않아서 몸짱은 커녕 더 뚱뚱해 보일 수도 있다. 문장도 마찬가지로 간결하고 명료한 모습을 보이기 위해서는 체지방과도 같은 군더더기를 모두 걷어내야 한다.

비즈니스 문서는 내용을 직접적이고 간결한 단어로 전달할수록 좋다. 필요 없는 거창한 단어를 사용하거나 단어 하나로 표현할 수 있는 내용을 긴 구문을 이용해서 쓸데없이 길고 복잡하게 문장을 늘어뜨리는 것이 좋은 영어 표현이라고 여기는 사람이 생각보다 많다. 여기서는 이런 군더더기 표현에는 어떤 것들이 있는지 살펴보고, 그런 표현을 제거해서 문장을 다이어트하는 방법에 관해 설명한다.

1) 군더더기 표현 1 ─ 불필요하게 여러 단어로 길게 늘여 쓰기

미국의 독립선언문을 기초하고 철학, 언어학 등 여러 방면에서 많은 영향을 끼친 정치인 토머스 제퍼슨(Thomas Jefferson)은 "The most valuable of all talents is that of never using two words when one will do."라고 말했다. 가장 가치 있는 재능은 한 마디면 될 일에 두 마디 이상 말하지 않는 재능이라는 뜻이다. 아주 오래전에 했던 말이지만, 이메일을 작성할 때는 가슴에 새겨야 할 말임에 틀림없다.

다음 문장부터 먼저 살펴보자.

The reason the company has actually lost market share to its
competitors was due to the fact that it has failed to attract new
customers.

그 회사가 시장점유율을 경쟁사들에게 잠식당한 실질적인 이유는 신규 고객 유치에 실패
했기 때문이다.

"The reason …… due to the fact that ……"은 because 한 단
어로 대치할 수 있다. 간단한 단어 하나로 전달할 수 있는 내용을
군이 더 긴 두세 단어의 구로 길게 표현해야 할 이유가 없다. 또한,
actually는 제거해도 의미상의 변화가 없다. 이런 의미 없는 단어에는
generally, really, apparently, basically, variously, essentially,
in some ways 등이 있다. 스티븐 킹은 심지어 자신의 저서 『유
혹하는 글쓰기(On Writing: A Memoir of the Craft)』에서 '지옥으
로 가는 길은 부사로 포장된 도로다("The road to hell is paved with
adverbs.").'라고 표현하기도 했다.

위에서 군더더기를 쳐내면 다음과 같이 간결한 문장이 된다. 처음
문장과 비교해보자.

The company has lost market share to its competitors because it has
failed to attract new customers.

그 회사는 신규 고객을 유치하는 데 실패했기 때문에 시장점유율을 경쟁사들에게 내주
었다.

우리가 일상적으로 많이 접하는 늘여 쓴 표현을 표로 정리해두었다.

늘여 쓴 표현	간결한 표현	
in order to	to	~를 위해
due to the fact that	because	~ 때문에
because of the fact that		
the reason for		
for the reason that		
considering the fact that		
as of the date of	from	~로부터
at that point in time	then	그때
at this point in time	now	지금
by means of	by	~를 통해 / ~에 의해
for the purpose of	for	~를 위해
with the possible exception of	except	~을 제외하고
in spite of the fact that	although	비록 ~하지만
have the ability to	can	~할 수 있다
be of the opinion that	think	생각하다
in a situation where	where	상황 / 경우(처지)에서
in cases when	when	~할 때
not very long before	soon	곧

2) 군더더기 표현 2 — 불필요한 의미 중복 단어

다음 예문을 보자.

> The new tablets will be released in May 2020. They will be smaller in
> size, black in color.
>
> 신형 태블릿이 2020년 5월에 출시됩니다. 크기는 더 작아지고, 색깔은 검은색이 될 것입
> 니다.

두 번째 문장의 smaller는 size에 관한 표현이고, black은 color 중
하나다. 다시 말해 '역전 앞'처럼 불필요하게 의미가 중복되는 단어
를 함께 사용한 셈이다. 중복 단어들을 제거하면 다음과 같이 바꿀
수 있다.

> The new smaller black tablet will be released in May 2020.
>
> 더 작은 검은색 신형 태블릿이 2020년 5월에 출시됩니다.

이처럼 불필요한 의미가 중복된 표현으로 tall skyscraper나 past
experience/history 등이 있다. 이미 skyscraper에는 tall의 의미
가 담겨 있고, experience나 history는 과거에 진행된 일과 관련이
있다. 이 밖에도 실제로는 불필요한데도 종종 겹쳐서 쓰는 영어 단
어에는 다음과 같은 것들이 있다.

불필요한 의미 중복 단어		간결한 단어	
true facts	진정한 사실	facts	사실
bad disaster	해로운 재해	disaster	재해
free gift	공짜 선물	gift	선물
end result	최종 결과	result	결과
postpone until later	추후로 연기하다	postpone	연기하다
each individual	개별적으로 각각 따로	individual	개별적으로
plan ahead	미리 계획하다	plan	계획하다
future plan	미래의 계획		
past history	과거의 역사	history	역사
past experience	과거의 경험	experience	경험
past memories	과거의 기억	memories	기억
regular weekly meeting	정기 주례 회의	weekly meeting	주례 회의
regular monthly meeting	정기 월례 회의	monthly meeting	월례 회의
tall in height	키가 장신인	tall	키큰
heavy in weight	무게가 무거운	heavy	무거운
long in length	길이가 긴	long	긴
small in size	크기가 작은	small	작은
blue in color	색이 푸른	blue	푸른
round in shape	모양이 둥근	round	둥근
completely finish	완전히 끝내다	finish	끝내다
new innovation	새로운 혁신	innovation	혁신
various differences	다양한 차이점	differences	차이점
physically ill	육체적으로 아픈	ill	아픈
7 p.m. in the afternoon	오후 저녁7시	7 p.m.	오후 7시
unexpected surprise	예기치 못한 놀라움	surprise	놀라움
cooperate together	함께 협력하다	cooperate	협력하다
repeat again	다시 반복하다	repeat	반복하다
summarize briefly	간략하게 요약하다	summarize	요약하다
mutual agreement	양측 상호 합의	agreement	합의
positive benefits	유익한 혜택/이득	benefits	혜택/이득
basic fundamentals	기본적인 기본/기초	fundamentals	기초/기본
final conclusion	최종적인 결론	conclusion	결론

영문 이메일을 작성할 때, 이런 의미 중복의 실수는 문장을 꾸밀 때도 생각보다 많이 저지르게 된다. 다음 문장을 살펴보자.

The estimated annual cost for health insurance is approximately $1,234.00.

건강보험의 연간 추정 비용은 대략 1,234달러입니다.

언뜻 보면 틀린 곳이 전혀 없어 보일지도 모른다. 하지만 estimated 와 approximately는 의미 중복이다. 동사 estimate에 원래 추정한다는 의미가 들어있기 때문에 estimated cost라는 문구는 이미 '대략적인 비용' 또는 '추정 비용'의 의미를 포함하고 있다.

따라서 의미 중복을 피해 위의 문장을 다시 쓰면 다음과 같다.

The estimated annual cost for health insurance is $1,234.00. 혹은

The annual cost for health insurance is approximately $1,234.00.

이처럼 내용은 그대로인 채로 문장은 더 간결해졌다.

3) 군더더기 표현 3 ― it + be 동사 / there + be 동사 제거

It is, there is, there are 등과 같은 표현은 특별한 의미 없이 문장만 길어지게 한다. 이런 무의미한 표현을 제거하면 문장을 간결하게 만들 수 있다. 다음 예문들을 통해 제거해도 읽는 사람이 이해하는 데 전혀 지장이 없는 단어들을 확인해보자.

- There are many companies that outsource recruiting.

  간결한 표현 Many companies outsource recruiting.

  많은 회사가 채용을 아웃소싱합니다.

- There are some studies that show your mobile phone can cause anxiety.

  간결한 표현 Some studies show your mobile phone can cause anxiety.

  몇몇 연구에 따르면 휴대전화가 불안을 유발할 수 있습니다.

- It is inevitable that blood pressure increases with age.

  간결한 표현 Blood pressure inevitably increases with age.

  나이가 들면 혈압도 필연적으로 높아집니다.

- It is likely that artificial intelligence will lead to mass unemployment.

  간결한 표현 Artificial intelligence will likely lead to mass unemployment.

  인공지능이 대량 실업을 일으킬 가능성이 있다.

- It is likely that the disease will spread farther.

  간결한 표현 The disease will likely spread farther.

  질병이 더 널리 퍼질 가능성이 있다.

4) who / which / that + be 동사로 시작하는 수식절 생략

Who is, which were, that were 등과 같이 앞의 명사를 수식하는 형용사절도 대부분 불필요하다. 이를 생략하면 다음 예문과 같이 간결한 문장으로 표현할 수 있다.

- Christie's became the first auction house to sell a work of art that is created by artificial intelligence.

  간결한 표현 Christie's became the first auction house to sell a work of art created by artificial intelligence.

  크리스티는 인공지능이 만든 예술작품을 판매한 최초의 경매회사가 되었습니다.

- Various machines that were invented by Da Vinci are included in the exhibit.

  간결한 표현 Various machines invented by Da Vinci are included in the exhibit.

  다빈치가 발명한 다양한 기계가 전시되어 있다.

5) 능동태를 사용한다

스티븐 킹은 『유혹하는 글쓰기』에서 능동태와 수동태에 관해 다음과 같이 이야기했다.

- With an active verb, the subject of the sentence is doing something. With a passive verb, something is being done to the subject of the sentence. It's weak, it's circuitous, and it's frequently tortuous, as well.

  능동태에서는 주어가 무언가를 한다. 수동태에서는 문장의 주어한테 어떤 행동이 행해진다. 그래서 수동태를 사용한 문장은 힘이 없고 빙빙 에두르는 표현이 될 뿐만 아니라 문장이 길고 복잡해지는 일이 흔하다.

- My first kiss will always be recalled by me as how my romance with Shayna was begun. A simpler way to express this idea – sweeter and more forceful, as well – might be this: My romance with Shayna began with our first kiss.

  내 첫 키스는 Shayna와 연애를 시작한 것으로 기억될 것이다. 이런 생각을 더 간단하게, 그리고 더 감미롭고 확실하게 표현하는 방법은 다음과 같을 것이다. 나와 Shayna와의 연애는 첫 키스로 시작했다.

위의 내용에서 알 수 있듯이 같은 내용이라도 수동태로 표현했을 때보다 능동태로 표현했을 때가 문장이 훨씬 짧고 분명하다.

능동태는 주어 – 동사 – 목적어의 순서로 위치하고 주어가 행위의 주체를 나타낸다.

Tony submitted the report. (4단어)

토니는 보고서를 제출했다.

위의 문장을 수동태로 나타내면 다음과 같다.

The report was submitted by Tony. (6단어)

보고서는 토니에 의해 제출됐다.

수동태는 목적어인 report가 주어 자리에 오고 be 동사 뒤에 원래 동사였던 submit의 과거분사형이 자리 잡는다. 행위의 주체인 Tony는 by 다음에 오고 문장 끝에 자리 잡는다. 따라서 수동태 문장은 능동태 문장보다 길어진다.

수동태에서는 by + 주어 부분이 생략되기도 한다. 이러면 다음과
같이 행위의 주체가 누구인지 알 수 없게 된다.

- (능동태) The taskforce has revised the marketing strategy to adapt to
the changing business environment.

  태스크포스 팀은 변화하는 사업 환경에 적응하기 위해 마케팅 전략을 수정했다.

- (수동태) The marketing strategy has been revised to adapt to the
changing business environment.

  변화하는 사업 환경에 적응하기 위해 마케팅 전략이 수정됐다.

참고 **수동태를 꼭 사용해야 할 경우도 있다**

1. 행위의 주체를 알 수 없을 때, 또는 행위의 주체가 중요하지 않거나 아
   주 자명할 때

   > The first stone tools were made more than two million years ago.
   > 최초의 석기는 만들어진 지 2백만 년이 넘었다.
   > (최초의 석기를 누가 발명했는지 알 수 없고, 중요하지도 않음)
   > Most of the plastic is used for packaging.
   > 대부분의 플라스틱은 포장재로 사용된다.
   > (plastic을 누가 사용하는지는 중요하지 않음.)
   > Every year thousands of people are diagnosed as having cancer.
   > 매년 수천 명이 암으로 진단받는다.

2. 행위의 주체보다 행위 자체를 강조하거나, 행위 자체가 주제일 때

   > The new hiring policy was adopted by the board.
   > 새로운 고용 정책은 이사회에 의해 도입됐다.

3. 행위의 주체를 드러내고 싶지 않을 때

수동태를 쓰면 간결하고 명확한 문장과는 거리가 멀어진다. 수동태는 문장을 더 길어지게 하며, 행위의 주체보다는 행위를 강조해서 문장의 의미를 모호하게 할 가능성도 있다. 이메일을 작성할 때는 능동태로 표현하는 것이 수동태로 표현하는 것보다 훨씬 더 간결하고 분명하다는 점을 잊지 말자.

6) 명사형 대신 동사를 사용한다

영문 이메일을 쓸 때 동사 대신 동사의 명사형을 포함한 어구를 사용하는 사람이 많다. 하지만 명사구보다는 동사를 직접 사용하면 문장을 더 간결하고 이해하기 쉽게 만들 수 있다. 다음 문장을 살펴보자.

- Stress is a cause of anxiety. (6단어)

  스트레스는 불안의 원인이다.

- Stress causes anxiety. (3단어)

  스트레스는 불안을 유발한다.

동사를 사용한 문장이 명사형을 사용한 문장보다 훨씬 간결하고 분명하다. 문장 안에 명사형 어구를 사용하면 길이도 길어지고 구조도 복잡해진다. 동사에서 파생된 명사형 표현은 a나 the와 같은 관사나 of와 같은 전치사를 수반해야 하기 때문이다. 특히 한 문장 안에서 이런 명사형 사용을 반복하면 구조가 훨씬 복잡해 보인다.

이메일을 작성할 때도 이렇게 동사 대신 동사에서 파생된 명사형을 사용하는 사례를 자주 볼 수 있는데, 이는 대부분 한국어로 먼저 생각하고 번역을 했다거나 또는 명사형을 사용해서 길게 쓰는 것이 더 좋은 문장이라고 오해하고 있기 때문이다. 다음 예문을 통해 동사를 사용하면 얼마나 간결하고 힘 있는 문장을 만들 수 있는지 알아보자.

- Competition may be a cause for the company to reconsider its strategy. (12단어)

  경쟁이 회사가 전략을 다시 숙고하는 계기가 될 수 있다.

  Competition may cause the company to reconsider its strategy. (9단어)

  경쟁으로 인해서 회사는 전략을 다시 숙고하게 될 수 있다.

- I make a suggestion that we conduct research on market trends. (11단어)

  시장 동향에 관해 조사를 진행할 것을 제안합니다.

  I suggest that we research market trends. (7단어)

  시장 동향을 조사할 것을 제안합니다.

- The intention of the company is to take into consideration the customer feedback. (13단어)

  회사의 의도는 고객의 피드백을 숙고하는 것입니다.

  The company intends to consider the customer feedback. (8단어)

  회사는 고객의 피드백을 숙고하고자 합니다.

- Attempts were made on the part of the organization to examine its culture to develop their workforce and to retain talented employees. (22단어)

  인력개발과 유능한 직원 유지를 위하여 조직문화를 점검하려는 시도가 그 회사내에서 이루어졌다.

The organization attempted to examine its culture to develop their workforce and to retain talented employees. (16단어)

인력개발과 유능한 직원 유지를 위하여 그 회사는 조직문화를 점검하고자 했다.

이메일 작성에 도움이 될 수 있도록 make a suggestion이나 take into consideration 등과 같이 널리 사용하는 동사에서 파생된 명사형 표현을 다음에 정리해두었으니 참고하기 바란다.

동사에서 파생된 명사형 표현	동사 표현	
conduct an investigation	investigate	조사하다
make a recommendation	recommend	추천하다
conduct research	research	연구하다, 조사하다
make a suggestion	suggest	제안하다
take into consideration	consider	고려하다
give information	inform	알리다
have knowledge	know	알다, 이해하다
make a decision	decide	결정하다
be in agreement / reach an agreement	agree	동의하다
make an offer	offer	제안하다, 제공하다
make progress	progress	진행하다, 전진하다, 진보하다
issue an announcement	announce	발표하다
suffer a loss	lose	손해를 보다, 잃다

마찬가지로 동사에서 파생된 형용사 표현도 다음과 같이 같은 의미를 지닌 동사로 대체할 수 있다. 형용사에서 파생된 명사형 표현 역시 동사로 대체했을 때 문장이 더 간결하고 명료해진다.

I was unaware of the fact that ...... → I was unaware that ......

→ I did not know that ......

······라는 사실을 인지하지 못했다 → ······을 인지하지 못했다 → ······을 몰랐다

다음은 사용 빈도가 높은 편인 형용사에서 파생된 명사형 표현 일부다.

형용사에서 파생된 명사형 표현	동사 표현	
be aware	know	알다, 인지하다
be suggestive of	suggest	제안하다
be indicative	indicate	표시하다
be applicable	apply	지원하다

동사를 사용하면 전후 관계를 보여줄 수 있어 전달하려는 내용을 더 분명하게 할 수 있다. 하지만 파생된 명사형을 사용하면 논리적 관계를 표현하는 어구 대신 전치사를 쓰게 된다. 하지만 전치사는 이런 논리적 관계를 담아내기에 부족하다. 동사를 사용하는 것이 더 구체적인 의미를 나타내는 이유다. 다음 두 문장을 비교해보자.

• Service facility relocation decision should be made by us.

서비스 시설의 이전 결정은 우리에 의해 이루어져야 합니다.

We should decide whether to relocate service facilities.

우리는 서비스 시설의 이전 여부를 결정해야 합니다.

• The announcement of his resignation was a shock to his family.

그의 사임 발표는 가족에게 충격이었습니다.

When he announced his resignation, he shocked his family.

그가 사임한다고 발표했을 때, 가족들은 충격을 받았습니다.

7) 표현과 내용은 구체적이고 분명하게

이메일의 내용은 정확하고 분명하게 이해할 수 있어야 한다. 읽는 사람에 따라 해석이 달라지거나 잘못 해석할 여지를 두어서는 안 된다. 또한, 아무리 읽어도 글쓴이의 의도가 파악되지 않아서 읽는 사람이 그 내용을 추측하거나 가정하는 일도 생겨서는 안 된다.

모호하거나 오독의 여지가 있는 단어나 표현을 피해야 하며, 누가 봐도 글쓴이의 의도를 정확히 알아차릴 수 있도록 글의 내용을 구성해야 한다. 메일을 다 작성한 후에는 다시 한번 글에 포함한 단어나 표현이 글쓴이가 전달하고자 하는 바를 정확히 전달하는지, 혹시 전달하려는 내용이 누락되거나 미흡한 부분이 없는지를 반드시 확인해보자.

이메일을 열었더니 다음과 같은 내용이 있었다고 가정해보자.

Please submit your report soon.

보고서를 곧 제출해주시기 바랍니다.

위의 문장에서 soon은 모호한 표현이다. 이메일을 보낸 사람은 soon을 내일이라고 생각했는데, 받는 사람은 soon을 다음 주까지라고 해석할 수 있다. 또한, report를 언제까지 보내야 할지 가늠이 되지 않는다. 이러면 이메일을 받은 사람이 언제까지 리포트를 제출해야 하는지 물어보기 위해 회신을 보내거나 구체적으로 언제인지 확인할 때까지 기다리게 될 수도 있다. 이메일은 이렇게 모호하게 써서는 안 된다. 논란의 여지 없이 구체적이고 명확하게 언제까지인지를 알려주어야 한다. 그래야 불필요한 이메일의 왕래도 줄일 수 있다.

위에 소개한 예제 문장을 다음 문장과 비교해보자.

Please submit your report by 5.p.m. July 28.
보고서를 6월 28일 오후 5시까지 제출해주시기 바랍니다.

이번에는 또 다른 예를 살펴보자. 사내에서 아래와 같은 메일을 받았다고 가정해보자.

I want to discuss something important with you at your convenience.
당신이 편할 때 중요한 일에 관해 논의하고 싶습니다.

여기서 말하는 something important는 얼마나 중요한 일일까? 보낸 사람에게는 중요한 일이지 모르겠지만, 받는 사람에게는 만나서 의논할 정도로 중요한 일인지, 꼭 만나야 한다면 다른 미팅 일정과 비교해서 우선순위를 어디에 둘지 막연한 내용이다. 아마도 결국에는 무슨 일인지 구체적으로 알려달라고 회신할 것이다.

위의 문장을 다음과 같이 바꾸어보자.

Are you available Tuesday, May 27, at 11 a.m. to brainstorm about a new marketing plan and to discuss capital allocation?
새로운 마케팅 계획에 관한 아이디어를 모으고 자본 배분에 관해 논의하려는데, 5월 27일 화요일 오전 11시에 괜찮습니까?

이제 문장이 구체적이고 명료해졌다. 만나려는 목적과 미팅 일정이 분명하게 드러나 있기 때문이다.

In the near future, we need to hire a large number of data scientists.

가까운 미래에 우리는 상당수의 데이터 과학자를 채용할 필요가 있다.

In the near future는 어느 정도의 기간이며, a large number of 는 몇 명을 이야기하는 것일까? 비즈니스 이메일에서는 이렇게 모호한 표현을 삼가고 다음과 같이 구체적으로 이야기해야 한다.

By the end of the year, we need to hire 100 data scientists.

금년 연말까지 우리는 100명의 데이터 과학자를 채용할 필요가 있다.

회의 일정을 정할 때도 다음과 같이 보내는 사람이 가능한 일정을 먼저 알려준다면 더 효과적으로 미팅 일정을 확정할 수 있다.

 회의 일정을 정하기 위해 문의하는 메일

I would like to discuss the factory relocation issue with you. I could be available on one of these days:

- Tue., July 23 9:30 a.m.
- Thu., July 25 10 a.m.
- Mon., July 29 3 p.m.

Which of these dates is most suitable for you? If above time slots do not work for you, please let me know your convenient time.

공장 이전 문제에 관해 논의하고자 합니다. 다음 날짜 중 하나라면 (회의가) 가능합니다.

- 7월 23일 화요일 오전 9시 30분
- 7월 25일 목요일 오전 10시
- 7월 29일 월요일 오후 3시

편한 일정이 언제이신지요? 상기 일정이 잘 맞지 않으시다면 만나기 편한 시간을 알려주시기 바랍니다.

다음은 메일 전체 내용을 그대로 옮겨놓았다. 모호하고 명확하지 않은 표현과 내용을 바로잡아보자.

 예제 **보고서 수정을 요청하는 메일**

Subject	Revisions needed for the proposal

Hi, Ken,

Thank you for sending me the proposal on time. I have read the entire proposal and I feel that the proposal lacks detailed information on some areas and some parts are misarranged. You'd better fix it with my comments in mind.

Thanks,

Minho

제목	제안서 수정 필요

켄에게

제시간에 제안서를 보내주셔서 감사합니다. 제안서를 전부 읽어보았는데, 해당 제안서는 몇몇 부분의 상세 정보가 부족하고 일부 파트는 순서가 잘못되었다는 생각입니다. 제 코멘트를 바탕으로 수정해주시기 바랍니다.

감사합니다.

민호

위의 메일에서 the proposal lacks detailed information on some areas 부분이 어떤 information에 관한 내용인지, 그리고 proposal의 어느 부분에 있는지 정확히 알려주어야 받는 사람이 이를 수정할 수 있다. 또한, some parts are misarranged만 봐서는 어느 부분의 순서가 잘못되었는지 알 수 없다. 언제까지 수정해야 하는지도 구체적으로 명시하지 않았다.

이런 몇 가지 수정사항을 명확하고 분명하게 바꾸면 다음과 같이 다시 쓸 수 있다.

Subject	Revisions needed for the proposal

Hi, Ken,

Thank you for sending me the proposal on time. After reviewing the proposal, I would like to suggest you revise the followings:

- include more specific information about our research expenditures (above figure 2 on page 7)
- place time schedule (on pages 33) before cost / income sources (section 3 on page 20)
- add the data of the project coordinator (section 7 on page 52)

Could you amend it with above suggestions and send the revised proposal to me by Friday, May 20?

Thank you for your hard work on this.

Minho

제목	제안서 수정 필요

켄에게

제시간에 제안서를 보내주셔서 감사합니다. 제안서를 검토한 결과, 다음 사항들을 수정해줄 것을 제안하고 싶습니다.

- 연구비 지출에 관해 더 구체적인 정보를 포함시키십시오. (7페이지의 그림2 윗부분)
- 일정 계획(33페이지)이 비용/수입 항목(20페이지 섹션3)보다 앞에 오도록 하십시오.
- 프로젝트 코디네이터의 데이터(52페이지 섹션7)를 추가하십시오.

이상의 제안사항을 반영해서 수정한 제안서를 5월 20일 금요일까지 제게 보내주실 수 있으신지요?

제안서 작성하시는라 수고가 많으십니다. 감사합니다.

민호

8) 수식어에 주의하자

"대화하는 동안 자신 있게 보이려면 상대와 눈을 마주쳐야 한다."라는 문장을 영어로 다음과 같이 작성했다고 하자. 과연 맞게 작성했을까?

> To seem confident during a conversation, direct eye contact should be made.

영작문을 하는 많은 사람이 수식어구를 사용할 때 빈번하게 오류를 범한다. 이런 오류는 우리말과 영어의 구조가 다른 점과 한국어를 글자 그대로 옮기는 데서 기인한다. 이런 오류로 인해 수식어구가 꾸며주는 말이 문장 안에 없거나 꾸며주는 말이 있는 것처럼 보이지만, 실제로는 그렇지 않아 문장이 성립하지 않는다. 다음 예제를 살펴보자.

ex

> While waiting for the bus, a book was read by him.

언뜻 보면 While waiting for the bus가 a book을 꾸며주는 것처럼 보인다. 하지만 논리적으로 책이 버스를 기다릴 수는 없으므로 While waiting for the bus는 a book을 수식할 수 없다. 제대로 바꾸려면 다음과 같이 waiting for the bus를 할 수 있는 he가 주어로 오면 된다.

> While waiting for the bus, he read a book.
> 버스를 기다리는 동안 그는 책을 읽었다.

또 다른 예를 보자.

> After reviewing the data, a decision was made to revise the business plan.

위의 문장을 글자 그대로 해석하면 decision이 data를 review한 것이 되는데, 이것은 논리적으로 불가능하다. 이 문장에서는 data를 review하는 대상이 생략되어 있다. 수식어를 사용해서 문장을 작성할 때, 특히 수식어가 길어져서 수식하는 대상과 멀어질 때는 수식어와 수식하는 대상이 관계에 논리적 오류가 생기거나 수식을 받는 대상이 생략되었을 가능성이 크다. 따라서 수식어를 사용할 때는 반드시 이들의 관계가 논리적으로 타당한지 따져봐야 한다.

위의 예제에서는 데이터를 review할 대상을 주절의 주어로 선택하면 된다. 그렇게 문장을 수정하면 다음과 같다.

After reviewing the data, the board decided to revise the business plan.
데이터를 검토한 후, 이사회는 사업 계획을 수정하기로 했다.

이번에는 다음과 같은 문장을 함께 생각해보자.

> Hoping to increase market share, the marketing strategy of the company has been changed.

시장점유율 확대를 기대하는 것은 전략이 아니라 the company일 것이다. 따라서 the company를 주절의 주어로 바꾸면 제대로 된 관계가 형성된다.

> Hoping to increase market share, the company has changed its marketing strategy.
>
> 시장점유율 확대를 기대하며 회사는 마케팅 전략을 변경했다.

다음 문장도 살펴보자.

ex | Dancing onto the stage, the audience was stunned by the singer.

위 문장대로라면 관객이 춤추면서 무대로 올라가는 기괴한 상황이 연출된다. Dancing의 주체는 audience가 아니라 the singer이다. 바로잡으면 다음과 같다.

> Dancing onto the stage, the singer stunned the audience.
>
> 그 가수는 무대를 향해 가며 춤을 춰서 청중을 놀라게 했다.

자, 이제 맨 처음에 질문했던 예제로 돌아가 보자.

ex | To seem confident during a conversation, direct eye contact should be made.

이제는 문장을 고치는 것이 그리 어렵지 않을 것이다. 우선 direct eye contact가 confident해 보일 수는 없다. Confident해 보이는 주체를 찾으면 되는데 여기서 수식어구와 상응하는 주어는 생략되어 있다. 적절하게 문맥에 따라 you나 interviewee와 같은 단어를 선택해서 집어넣으면 된다. 그러면 다음과 같은 문장이 완성된다.

To seem confident during a conversation, you should make direct eye contact.

9) 병렬구조(parallel structure)

네덜란드의 판화가인 에셔의 작품은 균형과 대칭을 바탕으로 한 같은 무늬나 대상의 반복으로 시각적 화음과 리듬을 빚어낸다. 같은 형태의 기하학적 대상들이 균형과 대칭 속에서 연속되는 시각적 아름다움은 우리의 경탄을 자아내게 한다. 만약 에셔의 작품이 조금이라도 이런 균형과 대칭에서 벗어난다면 그 아름다움은 순식간에 무너져 내릴 것이다.

한 치의 어긋남 없이 기계처럼 정확한 BTS의 칼군무는 놀라움을 넘어 아름답기까지 하다. 하지만 한 멤버라도 조금만 율동이 틀어지면 그 잘못된 율동으로 인해 칼군무가 주는 조화와 균형은 사라지고 만다.

병렬구조도 이와 같다. 글이 빚어내는 화음과 리듬이며 조화와 균형을 바탕으로 한 문장들의 칼군무다. 만약 문장의 구조가 이런 화음과 리듬에서 벗어난다면 칼군무를 망치는 어긋난 동작처럼 금방 눈에 거슬린다.

병렬구조란 문장 내에서 두 개 이상의 대등한 대상은 동일한 문법적 형태로 표현되어야 한다는 의미이다. 더 구체적으로 이야기하면 문장에서 나열되는 단어나 구들이 병렬구조를 이룬다는 것은 이들이 동일한 문법적 형태를 띠고 있다는 것이다. 즉, 나열된 단어 중먼저 나오는 단어가 명사라면 다른 단어들도 모두 명사 형태로 통일되어야 한다. 나열된 세 단어 중 둘은 명사인데 나머지 한 단어가형용사 형태라면 병렬구조를 이루지 못한다.

병렬구조를 이루는 일련의 단어들은 모두 명사 형태이거나, 형용사형태이거나, 동사 형태이거나 혹은 동명사 형태로 표현되어야 한다.구의 경우도 마찬가지이다. 병렬구조를 이루는 일련의 구들 중 앞에서 전치사구로 표현되었다면 뒤에 나오는 구들도 전치사구로 반복되어야 한다. 부정사구, 동명사구 등도 마찬가지이다.

이렇게 같은 문법적 형태가 반복됨으로써 글의 리듬이 생기고 조화와 균형을 이루게 된다. 또한, 병렬구조는 문장에서 어떤 대상들이동일한 중요성을 띠고 있는지를 알려주기 때문에 독자의 의미 파악을 쉽게 해준다.

가장 간단한 병렬구조부터 살펴보자.

What distinguishes universities are the professors, the students, and alumni.
대학을 돋보이게 만드는 것은 교수와 학생, 그리고 동문이다.

여기서 professors, students, alumni는 대등한 대상이다. 읽는 사람은 이들이 동일한 문법적 형태로 표현되기를 기대한다. 다음과 같이 alumni 앞에 the를 붙여줌으로써 병렬구조를 유지할 수 있다.

What distinguishes universities are the professors, the students, and
the alumni.

다음 예제를 살펴보자.

He likes reading, swimming and to climb.
그는 독서와 수영, 등산을 좋아한다.

위의 문장에서는 동명사 형태인 reading과 swimming과는 달리
to climb이라는 부정사 표현이 사용되어 병렬구조를 이루지 못했
다. 다음과 같이 모두 동명사로 통일하던지 아니면 부정사로 통일
해야 병렬구조를 만들 수 있다.

He likes reading, swimming and climbing. 또는
He likes to read, swim and climb.

또 다른 예를 살펴보자.

This incident will be investigated thoroughly, fairly and in a prompt manner.
이 사건은 철저하고 공정하게 즉시 조사가 이루어질 것이다.

여기서는 in a prompt manner를 thoroughly와 fairly처럼 같은
형태의 부사로 바꾸어야 병렬구조가 만들어진다.

This incident will be investigated thoroughly, fairly and promptly.

두 대상을 비교할 때도 병렬구조를 사용해야 한다.

He likes to swim better than climbing.
그는 등산보다 수영을 더 좋아한다.

비교하는 두 대상의 문법적 형태는 동일해야 한다. 따라서 올바른 병렬구조는 아래와 같다.

He likes swimming better than climbing.

위의 문장들은 매우 간단해서 병렬구조가 쉬워 보일지 모른다. 하지만 문장이 길어지고 복잡해지면 병렬구조를 사용하는 것이 매우 어려워진다. 이메일뿐 아니라 영어로 글을 쓸 때, 우리나라 사람들이 가장 흔하게 오류를 범하는 부분 중 하나가 병렬구조이다.

다른 예제들도 살펴보자. Not only …… but also …… 구문이나 either …… or …… 구문, whether …… or …… 와 같이 짝을 이루어 쓰이는 접속사들을 사용하여 두 대상을 연결할 때는 두 대상이 병렬구조를 이루게 됨을 유의하자.

He was neither a genus nor heroic.
그는 천재도 영웅도 아니다.

위의 문장에서 neither 다음에 명사 형태가 나오는 데 반해 nor 다음에 형용사가 나오기 때문에 병렬구조를 이루지 못한다. 병렬구조를 이루려면 heroic을 다음과 같이 명사형으로 바꾸어야 한다.

He was neither a genius nor a hero.

Not only…… but also……의 경우도 마찬가지이다. 다음 문장을 살펴보자.

She is not only angry but also feels disappointment.
그녀는 화가 났을 뿐만 아니라 실망감도 느꼈다.

위 문장이 병렬구조를 이루려면 아래의 문장과 같이 not only 다음 의 문법적 형태와 but also 이후의 문법적 형태가 동일해야 한다.

She is not only angry but also disappointed.

또 다른 문장을 보기로 하자.

Whether in the classrooms, or the community, communicating your ideas effectively is essential for your success.
교실에서든 공동체에서든 자신의 생각을 효과적으로 전달하는 것은 성공에 필수적이다.

위의 문장도 병렬구조를 이루고 있지 못하다. Whether 다음처럼 or 이후에도 전치사가 동일하게 반복되어야 한다.

Whether in the classrooms, or in the community, communicating your ideas effectively is essential for your success.

항상 짝을 지어 쓰는 접속사(상관접속사)를 이용하여 병렬구조를 만 들 때 흔히 저지르기 쉬운 오류는 접속사를 제 위치가 아닌 곳에 쓰는 것이다. 접속사가 잘못된 곳에 놓여있으면 병렬구조가 만들어지지 않는다.

I not only forgot the password but also the user name.
나는 비밀번호뿐만 아니라 사용자명도 잊어버렸다.

위의 문장은 얼핏 보면 병렬구조처럼 보일지 모른다. 하지만 not only 다음에 나오는 forgot과 상응하는 동사가 but also 다음에 존재하지 않는다. 제대로 병렬구조를 만들려면 not only를 다음과 같이 forgot 다음에 위치시키면 된다.

I forgot not only the password but also the user name.

또 다른 잘못된 병렬구조의 예를 들어보자.

Quitting smoking can be not only hard because of physical
dependence, but also because of the mental and social factors.
금연이 힘든 이유는 신체적 의존성뿐만 아니라 정신적·사회적 요인 때문이다.

위의 문장에서도 not only 다음의 hard에 대응하는 형용사를 but also 다음에 찾아볼 수 없다. 올바른 문장은 다음과 같다.

Quitting smoking can be hard not only because of physical
dependence, but also because of the mental and social factors.

다음 문장들을 제대로 된 병렬구조로 바꾸어보자.

---

1 She can either have tea or coffee.

---

2 Happiness is neither in the past, nor the future. It is here in the present.

---

3 Whether in the classrooms or the field, our faculty is creating the best learning experiences for students.

---

4 Entrepreneurs know what keeps them challenged, motivated, and gives inspiration.

5   I have never seen him so upset, enraged, and to be depressed.

6   CEO is responsible for executing strategy, leading change and results delivery.

7   Chronic sleep disorders can result in muscle weakness, fatigue and being obese.

8   The jury found the man not only guilty of kidnapping but also of murder.

답

1   She can have either tea or coffee.
2   Happiness is neither in the past, nor in the future. It is here in the present.
3   Whether in the classrooms or in the field, our faculty is creating the best learning experiences for students.
4   Entrepreneurs know what keeps them challenged, motivated, and inspired.
5   I have never seen him so upset, enraged, and depressed.
6   CEO is responsible for executing strategy, leading change and delivering results.
7   Chronic sleep disorders can result in muscle weakness, fatigue and obesity.
8   The jury found the man guilty not only of kidnapping but also of murder.

같은 말이라도 '아' 다르고 '어' 다르다는 속담이 있다. 전달하려는 내용이 확실하고 분명하다면, 그 다음 단계는 그 내용을 어떻게 전달할지를 고민할 차례다. 같은 내용이라도 어떻게 전달하는지에 따라서 상대방과 우호적인 관계를 만들 기회가 되기도 하고, 이와 반대로 상대방이 거부감을 느끼고 나에게서 등을 돌리게 할 수도 있다.

얼굴을 마주 보고 대화할 때는 표정이나 어조, 바디랭귀지와 같은 비언어적 신호(non-verbal cues)가 상대방을 이해하는 데 중요한 역할을 한다. 하지만 이메일은 이런 도움 없이 오로지 글만으로 의사를 전달해야 하므로 주의하지 않으면 자신의 의도와 달리 상대방에게 불쾌감을 주거나 오해를 불러일으킬 수 있다. 감성지능(emotional intelligence)으로 유명한 심리학자 대니얼 골먼(Daniel Goleman)은 이메일을 보낼 때 받는 사람이 느끼는 메시지의 수위는 우리가 생각하는 것보다 부정적이라고 한다. 즉, 보내는 사람이 긍정적이라고 생각하고 보낸 메시지를 받는 사람은 중립적으로 받아들이고, 보내는 사람이 중립적으로 생각하는 메시지를 받는 사람은 부정적으로 해석한다는 이야기이다.

상대방의 감정을 생각하지 않고 시간에 쫓겨서 서둘러 이메일을 보냈다가 자신의 취지와는 다르게 오해를 사고 후회하는 사람을 주위에서 많이 봤다. 우리는 이메일을 통해 단순히 사실을 전달하는 데 그치지 않고 받는 사람이 거부감 없이 기꺼이 우리의 목적에 협조하도록 해야 한다. 그러기 위해서 우리는 우리가 생각하는 것보다 훨씬 더 부드럽고 정중하게 이메일을 작성해야 한다.

비즈니스 이메일에서는 최소한의 예의를 갖추어야 한다. 따라서 서로 친한 사이라고 해도 허물없이 일상적인 표현을 사용하기보다는 최소한의 격식을 갖춘 정중한 표현을 사용할 것을 추천한다. 비즈니스 이메일은 개인 메일이 아니라 회사나 자신이 속한 조직을 대표하는 메일이므로 최소한의 품격을 지니고 있어야 하며, 상대방에게 오해나 불쾌감을 주는 상황을 피해야 한다.

참고 **이메일의 부정적 편향성**

심리학자 대니얼 골먼은 온라인 커뮤니케이션에 커다란 제약이 따른다고 설명한다. 우리가 사람을 만나서 대화할 때는 우리의 두뇌 중 일부는 상대방이 어떤 반응을 보이는지 실시간으로 모니터링해서 상대방의 감정을 상하지 않고 다음 대화를 원활하게 이어나갈 수 있도록 도와준다. 골먼은 이를 사회적 두뇌(social brain)라고 말한다.

그러나 이메일을 쓰기 위해 컴퓨터 앞에 앉아 있을 때는 사회적 두뇌가 작동하지 않는다. 그 대신, 상대방이 어떻게 반응할지 모르면서도 직접 대화할 때처럼 우리의 모든 감정이 상대방에게 전달된다고 무의식적으로 가정하는 착시현상이 생긴다. 그래서 이메일은 대면 대화와 달리 보내는 사람의 감정과 받는 사람의 느낌 사이에 괴리가 생길 수밖에 없다.

이런 착시현상으로 인해 보내는 사람이 긍정적이라고 생각하고 보낸 메시지를 받는 사람은 중립적으로 받아들이고, 보내는 사람이 중립적으로 생각하는 메시지를 받는 사람은 부정적으로 해석하는 것이다. 이것이 바로 이메일의 부정적 편향성(negative bias in email)이다.

1) 상대방에게 요청/부탁할 때는 정중한 문구를 사용한다

다음 문장들을 살펴보자. 모두 "화요일까지 보고서를 제출해달라." 라는 문구를 표현과 어조만 다르게 해서 작성한 것들이다.

- You must submit your report by Tuesday.
- You need to submit your report by Tuesday.
- Please submit your report by Tuesday.
- Could you submit your report by Tuesday?
- I would be grateful if you could submit your report by Tuesday.
- Would it be possible to submit your report by Tuesday?
- Could you take the trouble to submit your report by Tuesday?

명령문이나 you must, you need to 등과 같은 표현은 고압적인 어조여서 읽는 사람에게 불쾌감을 줄 수 있다. 이런 고압적인 표현들은 되도록 사용하지 않는 것이 좋다. 상대방에게 어떤 행동을 요청/부탁할 때는 주로 다음과 같은 표현을 쓴다.

- Could you ......?
- I would be grateful if ......
- I would appreciate ......
- Would it be possible to ......?

고압적인 표현	정중하고 완곡한 표현
• Send me the revised proposal immediately. 수정한 제안서를 당장 제게 보내세요.	• Could you send me the revised proposal as soon as possible? 수정한 제안서를 가능한 한 빨리 제게 보내주실 수 있으신지요? • I would be grateful if you could send the revised proposal at your earliest possible convenience. 수정한 제안서를 최대한 이른 시일에 보내주신다면 감사하겠습니다.

2) 과거형을 사용한다

과거형을 사용하면 훨씬 부드러운 어조로 만들 수 있다. 다음 예문을 살펴보자.

ex

> I wonder if you can send us the monthly meeting agenda.
> I was wondering if you could send us the monthly meeting agenda.
> 월간 회의 안건을 저희에게 보내주실 수 있으신지요.

두 문장의 차이는 wonder 대신에 was wondering을, 그리고 can 대신에 could를 사용했다는 점이다. 첫 번째 문장보다 두 번째 문장이 더 완곡한 표현으로 더 정중한 느낌을 준다. 형태는 과거지만, 내용은 현재에 관한 것임을 기억하자.

3) 바람직하지 않은 상황을 전달할 때는 수동태가 더 효과적이다

앞에서 간결하고 분명한 문장을 쓰기 위해 되도록 능동태를 사용하라고 했다. 하지만 수동태를 쓰면 더 좋을 때도 있다. 그 중 하나가 바로 기대와 다른 결과나 실수, 또는 부주의로 인해 발생한 상황 등을 설명할 때다. 이런 상황을 전달할 때 능동태를 사용하면 상대방이나 다른 사람이 긍정적이지 않은 결과를 가져온 장본인이라고 지적하는 것처럼 보이거나 비난하는 듯한 느낌을 줄 수도 있다. 이럴 때는 수동태를 사용해서 주어를 드러내지 않음으로써 피해갈 수 있다. 다음 예문을 비교해보자.

ex
> They did not submit the report on time.
> The report was not submitted on time.

첫 번째 문장을 그대로 해석하면 '그들이 제시간에 보고서를 제출하지 않았다'는 내용이다. 두 번째 문장은 첫 번째 문장을 수동태로 바꾼 것이다. 이렇게 하면 자연스럽게 주어인 they는 사라지고 report가 제때 제출되지 않았다는 사실만 남는다. 다른 예문을 하나 더 살펴보자.

ex
> You missed the deadline for submitting refund requests.

이 문장을 이메일에 잘못 사용하면 상대방은 환불요청서의 마감 시한을 지키지 못했다는 문책 또는 비난으로 해석할 여지가 있다. 하지만 이를 다음과 같이 수동태로 바꿈으로써 주어를 숨기면 오해를 사는 일을 피할 수 있다.

- The deadline for submitting refund requests was missed.

능동태 표현	바람직하지 않은 상황의 수동태 표현
• You did not pay the invoice on time. 당신은 제시간에 계산서를 결제하지 않았다.	• The invoice was not paid on time. 계산서가 제때 결제되지 않았다.
• They did not inform us that delivery has been delayed. 그들은 배달이 지연된다고 우리에게 알려주지 않았다.	• We were not informed that delivery has been delayed. 배달이 지연된다고 연락받지 못했다.
• He missed the sales target. 그는 판매 목표를 달성하지 못했다.	• The sales target was missed. 또는 The sales target was not reached. 판매 목표가 달성되지 못했다.
• John made an error in calculation. 존은 계산 실수를 저질렀다.	• An error has been made in calculation. 또는 There was an error in calculation. 계산상 착오가 있었다.

4) 부정적인 표현보다는 긍정적인 표현을 사용한다

부정적인 표현은 읽는 사람을 방어적으로 만들거나 불쾌하게 만들 수도 있다. 같은 내용이라도 읽는 사람 입장에서는 매우 다르게 느껴진다. 다음의 내용을 비교해보자.

You won't receive your order until next Wednesday.
주문하신 상품은 다음 주 수요일이전에는 받아보실 수 없습니다.

You will receive your order on next Wednesday.
주문하신 상품은 다음 주 수요일에 받으실 수 있습니다.

첫 번째 문장은 주문한 물건을 받지 못한다는 부정적인 사실에 초점을 맞추고 있고 두 번째 문장은 주문한 물건을 언제쯤 받게 되다는 긍정적인 결과에 주목하고 있다. 같은 내용인데도 읽는 사람에게는 완전히 다른 느낌을 준다. 다음 예제처럼 불가능한 사실만 알려주지 말고 가능한 부분을 함께 언급하는 것도 거부감을 없애고 다음 단계의 대화를 진행하는 데 더 도움이 되는 방법이다.

You can't reserve the room today.
오늘은 방을 예약할 수 없습니다.

The room is already reserved today but it will be available tomorrow.
그 방은 오늘 이미 예약이 되었지만, 내일은 예약하실 수 있습니다.

이 외에도 유의해야 할 표현에는 여러 가지가 있다. 흔히 '누가 해야 할 일인지'를 가릴 때 종종 "That's not my job."이나 "That's your job."과 같은 표현을 쓰기도 한다. 하지만 이는 잘못하면 그건 내 일이 아니라고 다른 사람에게 미루려 한다거나 그 일에 관심이 없다는 부정적인 인상을 주기 쉽다. 이럴 때는 다음과 같이 긍정적으로 표현하면 상대방이 거부감 없이 받아들일 수 있을 것이다.

- You are the expert on ……

  ……에는 당신이 전문가이므로

- You are better suited to ……

  ……에는 당신이 더 적합하므로

- You're better positioned to ……

  ……에는 당신이 더 좋은 위치/상황이므로

또 다른 예문을 살펴보자.

<u>ex</u>

> I will not be checking email on vacation.
> 휴가 중에는 이메일을 확인하지 않겠습니다.

이처럼 부정적인 내용을 직접적으로 표현하면 마치 '휴가 기간에는 절대로 날 방해하지 말아라!'라는 듯한 부담스러운 인상을 줄 수 있다. 하지만 같은 내용이라도 휴가에서 돌아와서 일을 처리하겠다거나 혹은 없는 동안 대신 연락할 사람을 알려준다면 그리 큰 거부감을 주지 않을 것이다.

- I will respond to a message upon my return.

  회사에 복귀하는대로 답변 드리겠습니다.

- In my absence, please reach out to ……

  제가 부재 중일 때는 ……와 연락하시기 바랍니다.

4.
프로페셔널해 보이는 이메일 첫인사 쓰기

비즈니스 이메일을 쓸 때는 비즈니스에 걸맞은 적절한 이메일 첫인사(email greetings)를 사용해야 상대방의 신뢰를 얻을 수 있다. 부적절한 첫인사는 네이비 재킷에 넥타이를 착용하고 반바지에 샌들을 신고 고객에게 프리젠테이션하는 것처럼 우스꽝스러울 수 있다. 적절한 첫인사는 메일 전체의 격식과 조화를 이루어야 한다. 특히 이메일 첫인사와 끝인사는 동일한 격식의 표현을 사용해야 한다는 점도 기억하자.

어떻게 이메일 첫인사를 사용할지는 받는 사람과의 친분과 관계에 따라서 달라진다. 각 상황에 따른 표현을 다음 장에 정리해두었다.

> **(formal한 표현): Dear Mr. / Ms. XXX, 또는 Dear Mr. / Ms. XXX:**
>
> • 남자인 경우: Dear Mr. XXX (성), 또는 Dear Mr. XXX (성):
> • 여자인 경우: Dear Ms. XXX (성) 또는 Dear Ms. XXX (성):

비즈니스 이메일에서 받는 사람과 만난 적이 없거나 친한 경우가 아니라면, 혹은 어떤 표현을 써야 할지 잘 모르겠으면 "Dear Mr. Abc,/Dear Ms. Xyz,"를 사용하는 것이 좋다. 실수로 무례한 표현을 사용해서 이메일의 품격을 떨어뜨리기보다는 조금 더 격식 있는 표현을 사용하는 편이 낫다.

- Mr. / Ms. 다음에는 절대로 이름(first name)을 사용하지 않는다. Dear Mr. 성 (surname)의 형태를 추천하며, 처음으로 이메일을 교환할 때는 주로 "Dear Mr. Tony Stark,"나 "Dear Ms. Scarlet Johansson," 등과 같이 이름 전체를 사용하는 것이 좋다.
- 이름 다음에는 쉼표(,) 혹은 콜론(:)을 사용한다.
- 'Mrs.'나 'Miss'는 비즈니스 이메일에서 사용하기에 적절하지 않다.

예를 들어 고객인 Tony Stark라는 남성과 Scarlet Johansson이라는 여성에게 이메일을 보낸다고 하면 다음 올바른 예 중 하나를 골라 사용하면 된다. 어떤 문장부호를 썼는지 유의하고 혼동하지 않도록 하자.

올바른 예	잘못된 예
Dear Mr. Stark,	Dear Mr. Tony,
Dear Mr. Stark:	Dear Mr. Tony:
Dear Mr. Tony Stark,	Dear Ms. Scarlet,
Dear Ms. Johansson,	Dear Ms. Scarlet:
Dear Ms. Johansson:	

참고 이름으로 섣불리 성별을 판단하지 말자!

이름만으로 그 사람의 성별을 판별하기 어려울 때가 간혹 있다. 한국 사람도 마찬가지지만, 외국 사람의 이름은 더욱더 판단하기 모호한 경우가 많다. 그렇다고 해서 상대방의 성별을 임의로 추측해서 이메일을 보내면 절대로 안 된다. 실제로 받는 사람이 여성인데 이름만 보고 남자라고 판단해서 "Dear Mr. XXX,"라고 보내는 사람을 본 적이 있다. 이러면 당연히 받는 사람이 불쾌할 수 있다. 회사 홈페이지나 LinkedIn 등을 참조해서 확실하게 확인하고 보내자. 도저히 성별을 확인할 수 없을 때는 "Dear Scarlet Johansson,"과 같이 Dear 다음에 이름과 성을 전부 기재해서 보내는 것이 좋다.

"Dear Tony, Dear Scarlet," 또는 "Hello Tony, Hello Scarlet,"이 "Dear Mr./Dear Ms."보다는 격식을 덜 차린 표현이다. 일반적인 경우라면 Dear Mr./Dear Ms.를 사용하는 편이 더 좋다. 단, Tony Stark가 먼저 이메일을 보내왔고 자신의 이름 Tony를 closing에 사용했다면, 다음 이메일을 보낼 때는 "Dear Tony,"를 사용할 수 있다.

> **참고** Good morning / Good evening과 같은 greeting은 피한다
>
> 가끔 한국식으로 '안녕하십니까?'라는 인사말을 떠올리면서 본인이 이메일을 쓰는 시간 기준으로 "Good morning"이나 "Good evening"과 같은 문구를 사용하는 사람도 있는데, 이는 적절하지 않다. 왜냐하면 내가 오전에 메일을 보내더라도 받는 사람이 언제 이메일을 읽을지 모르기 때문이다. 만약 받는 사람이 그날 저녁이나 그다음 날 오후에 이메일을 열어서 "Good morning"이라는 인사말을 본다면 시의적절한 인사말이 되기는 어려울 것이다.

2 받는 사람에 관한 정보가 전혀 없을 때

> (이름을 모를 때): To whom it may concern,
> (이름은 모르지만, 직책은 알 때): Dear + (직책명),

받는 사람에 관한 정보가 전혀 없을 때는 "To whom it may concern,"이라는 표현을 쓰기는 하는데, 이 표현은 정말 받는 사람에 관한 정보를 모를 때만 사용하자. 비즈니스도 결국 사람과 사람 사이 관계다. 이런 email greeting은 기계적이고 따뜻한 온기가 느껴지지 않는다. 받는 사람에 대한 배려나 관심도 부족해 보인다. 비즈니스를 위해서는 메일을 받는 사람이 누구인지 찾아보는 것을 권장한다. 회사 홈페이지나 LinkedIn, Facebook 등과 같은 SNS에서 검색하면 대부분 이름과 직위를 알 수 있을 것이다.

이름은 몰라도 받는 사람의 직책은 안다고 하면, 그 직책을 그대로 적어주면 된다.

Dear Purchasing Manager,

Dear General Manager,

Dear Hiring Manager,

Dear Human Resources Manager,

단, 이때도 "Dear XYZ company,"와 같이 Dear 다음에 회사 이름을 넣어서 사용하지는 않는다.

참고 **'Dr.'와 같은 호칭을 사용해도 좋을까?**

상대방이 명함이나 보낸 메일에 위의 호칭을 사용했다면, "Dear Dr. Watson,"처럼 해당 호칭을 그대로 사용해도 좋다.

---

3 받는 사람을 잘 알거나 받는 사람이 친구나 직장 동료일 때

- Hi, + (이름), 또는 Hello, + (이름),
- Hi, Mr. / Ms. + (성),

Tony Stark와 Scarlet Johansson이 잘 아는 사이거나 친한 직장 동료라면 "Hi, Tony,/Hi, Scarlet,"이나 "Hello, Tony,/Hello, Scarlet," 정도로도 충분하다. 여기서 조금 더 격식 있게 쓰려면 "Hello, Mr. Stark,/Hello, Ms. Johansson,"과 같이 "Hello, Mr./Ms. (성),"을 사용하면 된다. Hello가 Hi보다는 조금 더 격식을 갖춘 표현이다.

- 하지만 이런 친밀감을 나타내는 표현은 상대방과 어느 정도 친분 관계가 형성되었을 때 사용한다. 친밀한 관계가 아닌데 이런 호칭을 쓰면 받는 사람의 기분을 상하게 할 수도 있다.
- 친한 친구 사이가 아니라면, 특히 업무와 연관한 이메일이라면 Hey란 표현은 삼가는 것이 좋다.

4 받는 사람이 여러 명일 때

받는 사람이 여러 사람일 때는 그들이 속한 집단 명을 사용할 수도 있다.

ex
> Dear Team, 또는 Dear Clients,

또는 다음과 같이 전체를 아우르는 단어를 사용할 수도 있다.

ex
> Dear All,
> Dear Members,
> Hi, Team,
> Hi, Everyone,

만약 받는 사람이 3명이라면 다음과 같이 모두의 이름을 사용하는 편을 권장한다. 이때도 받는 사람의 이름 다음에는 쉼표(,) 혹은 콜론(:)을 사용한다.

ex

Dear Scarlet, Tony, and Nick:

Dear Ms. Johansson, Mr. Stark and Mr. Fury,

참고 **문장부호 없는 첫인사는 영국 스타일**

• 영국식은 Mr/Ms 다음에 아무런 문장부호도 사용하지 않는다.
• 영국식은 이름 다음에도 쉼표나 콜론과 같은 문장부호를 사용하지 않는다.

ex) Dear Mr Stark

참고 **날짜 표기법도 영/미가 서로 다르다?!**

영국식 날짜 형식	미국식 날짜 형식
날짜, 달, 연도의 순서로 쓴다. 예) 2020년 3월 7일	달, 날짜, 연도의 순서로 쓴다. 예) 2020년 3월 7일
7 March 2020 7th March 2020 the 7th of March 2020 the 7th of March, 2020 Saturday, 7 March 2020 Saturday the 7th of March, 2020	March 7, 2020 Saturday, March 7, 2020 (March the 7th나 March 13th는 틀린 표현은 아니나 널리 쓰이지는 않는다.)

위의 표기법 외에 연도, 달, 날짜의 순서로 쓰기도 한다.

ex) 2020 March 7

위의 형식 중 어느 것을 택하든 일관성만 유지하면 된다.
단, '03/07/2020'과 같이 숫자로만 표현하면 이것이 3월 7일인지 7월 3일인지 불분명하다. 이보다는 'March 7, 2020' 또는 '3 July 2020' 등과 같이 명확하게 보이도록 표현하는 것이 좋다.

5.
이메일을 더욱 돋보이게 하는 맺음말 쓰기

앞에서 이메일의 첫인사를 어떻게 할지에 관해 알아보았다. 여기서는 이메일을 어떻게 끝맺을지에 관해 알아보자.

맺음말(closing remarks)로 이메일을 더욱 돋보이게 만드는 것은 매우 중요하다. 특히 비즈니스 이메일에서 효과적인 맺음말은 상대에게 신뢰와 호감을 줄 수 있는 좋은 수단이다. 만약 맺음말이 없다면 어떨까? 맺음말 없이 이메일을 끝내는 것은 어떤 사람과 미팅에서 어떤 주제에 관해 열심히 토론하다 갑자기 아무 말 없이 뒤돌아 가 버리는 것과 같다. 특히 비즈니스 이메일에 맺음말이 없다면 상대방 입장에서는 뜬금없이 끝나는 느낌을 받거나 신뢰감이나 호감을 주기 어려울 것이다.

맺음말을 통해 우리는 이메일을 쓴 목적을 다시 한번 강조하거나 상대방에게 좋은 인상을 남길 수 있도록 친밀한 메시지를 전달할 수 있다. 예를 들면 다음과 같은 내용을 담을 수 있다.

- 이메일의 요지를 다시 한번 받는 사람에게 상기해줌.
- 상대방의 요청/도움을 주는 상황이라면 앞으로도 필요한 도움/요청사항/정보가 있다면 언제든지 연락하라는 메시지를 전함
- 감사/사과 메일이라면 감사/사과를 반복함

일반적으로 많이 사용하는 맺음말 표현을 다음에 정리해두었으니 상황에 맞는 적절한 표현을 찾아서 쓰기 바란다.

- 맺음말로 가장 일반적인 표현은 "I/We look forward to ……"이다. 이 구문 뒤에는 명사 또는 동사의 진행형이 뒤따라야 한다.

I/We look forward to + (동사+ing)	I/We look forward to + (명사)
…… hearing from you soon. …… meeting you soon …… meeting you on the [미팅 날짜] …… working with you	…… your reply. …… our meeting on the [미팅 날짜] …… our successful partnership.

ex

> I look forward to building a strong business relationship in the future.
> 향후 견고한 사업 관계를 구축할 수 있기를 고대합니다.
>
> I look forward to our meeting on May 5.
> 5월 5일에 있을 회의를 기대합니다.
>
> I would appreciate your prompt reply.
> 신속한 회신에 감사드리고자 합니다.

만약 상대방에게 도움을 받았다면 이에 관해 메일에서는 다음과 같이 표현할 수 있다.

- Thank you in advance.

- Thank you for your help.

- Thank you for your understanding.

- Thank you for your cooperation.

- Thank you for your patience and cooperation.

- Thank you for your consideration.

- Thank you for your kind consideration.

<table>
<tr><td>ex</td><td>Thank you very much for offering your assistance on the ABC project.
ABC 프로젝트에 도움을 제공해주셔서 대단히 감사합니다.

Thank you for taking time from your busy schedule to help the finance department.
바쁜 일정에도 재정 부서를 돕는 데 시간을 내어주셔서 감사합니다.

Thanks in advance for all your help on planning this event.
이번 이벤트 기획에 도움을 주신 데 대해 미리 감사드립니다.</td></tr>
</table>

사과 메일이라면 맺음말에서 아래처럼 사과의 표현을 사용한다.

- Again, please accept my / our apologies for ......

    ...... this misunderstanding / this matter

    ...... any convenience caused

    ...... my / our [사과 내용]

ex

I/we hope I/we haven't caused you too much inconvenience.
많이 불편하게 해드리지는 않았는지 모르겠습니다.

Please accept our apologies for…. And I would like to take this
opportunity to assure you that it will not happen again.
……에 대한 사과를 받아주십시오. 그리고 이번 기회를 통해 이런 일이 다시는 일어
나지 않도록 하겠습니다.

상대방에게 언제나 도움/요청을 해도 된다는 메시지를 줄 수도 있다.

- Please do not hesitate to contact me if you need any further
  assistance/information.
- Please do not hesitate to contact me …… / Please feel free to contact
  me ……

  …… if you have any questions or concerns

  …… if you would like any more information

  …… if there is anything else I/we can do

ex

If you have any questions or concerns, don't hesitate to let me know.
궁금한 점이 있으면 언제든지 알려주시기 바랍니다.

I hope you find our brochures/catalogs appropriate for your business.
귀하의 사업에 적합한 브로슈어/카탈로그를 찾으실 수 있기를 바랍니다.

이메일 끝인사는 마치 마침표와도 같아서 메일이 끝남을 알리는 신호라 할 수 있다. 받는 사람이 누구인가에 따라 어느 정도 격식을 갖출지 결정한다. 끝인사는 전제 이메일의 격식과 조화를 이루어야 한다. 다음 표현 중에서 격식에 맞게 골라 사용하자. 그리고 끝인사 다음에는 쉼표(,)를 사용한다는 점 역시 유의하자.

- Formal: Sincerely, Yours truly, Regards, Best regards, Warm regards, Kind regards 등
- Semi-formal: Best Regards, Warm regards, Best wishes, All the best, Thank you 등
- Casual/informal: Cheers, Have a great day, Cordially, Take care 등

Sincerely 같은 표현은 상대방을 한 번도 만난 적이 없거나 매우 공적이고 예의를 갖추어야 할 때 사용한다. 매우 정중하지만, 과하게 근엄하고 딱딱한 느낌을 주기 때문이다. Regards나 Best regards 같은 문구는 상대방에게 정중하고 격식을 갖추어야 하거나, 혹은 친밀한 상대방에게 보낼 때 등 거의 모든 상황에 사용할 수 있다.

최근에는 Have a great weekend나 Many thanks, 또는 Good luck with your business trip처럼 받는 사람과의 관계나 상황에 맞는 자연스럽고 친근한 표현을 사용하기도 한다.

이메일 끝인사는 이메일 첫인사와 어울려야 한다

상의는 턱시도 재킷에 하의는 반바지를 입고 공식 석상에 나선다면 매우 우스꽝스러울 것이다. 이메일 첫인사를 formal하게 시작했다면 맺음말도 formal한 표현을 써야 한다. 예를 들어 이메일을 Dear Ms. Johansson,이라고 시작했다면, 끝인사는 Sincerely, Best regards와 같이 격식을 차린 표현으로 끝내야 한다. 다음은 서로 어울리는 이메일 첫인사와 맺음말의 조합이다.

첫인사	끝인사
Dear Mr. Stark,	formal
Dear Tony,	semi-formal
Hello, Tony,	semi-formal 또는 casual / informal

물론 위의 표가 절대적인 것은 아니다. 위의 표를 참고로 해서 격식의 수미쌍관을 이루면 된다. Dear Mr. Stark,로 시작하고 Cheers로 끝내는 상황은 피하도록 하자.

상대방과 친숙해지기 전에는 어느 정도 예를 갖추는 것이 좋다. 무엇을 써야 할지 모르겠다면 어느 상황에나 두루 쓰일 수 있는 Regards나 Best regards 등을 쓰는 것이 안전하다.

다음은 비즈니스 이메일에 걸맞지 않는 표현들이다. 이런 표현은 성의가 없어 보이거나 친한 사이가 아니라면 무례하게 느껴질 수도 있다. 따라서 비즈니스 이메일에는 사용하지 않는 것이 좋다.

<u>ex</u> | Love, Thx, Rgds, Hugs, xoxo, See you, See ya 등

메일의 마지막에는 이메일 서명(email signature)을 달아준다. 상대
방에게 남기는 마지막 인상까지도 프로페셔널함을 유지하자. 서명
은 다음과 같이 작성하면 된다.

> **이름**
> **직책, 회사 이름**
> **전화번호, fax 번호, 주소**
> (SNS 프로필을 추가할 수도 있다.)

ex
Tony Stark
Public Relations Manager
Stark Corp.
Telephone: xxx-xxxx-xxxx
Fax number: xxx-xxx-ssss

- 이메일 서명은 너무 길어지지 않게 한다. 되도록 4줄을 넘어가지
  않는 것이 좋다. 이메일을 주고받을 때 서명이 너무 길면, 가독
  성을 떨어뜨리고 효율적으로 내용을 찾거나 파악하기 어렵게 할
  수도 있다.
- 사내 이메일용 서명, 외부 이메일용 서명을 구분해서 사용하는
  것도 좋은 방법이다.
- 외국인이라면 한국 사람 이름만 보고는 성별을 구분하기 힘들
  다. 받는 사람이 여자인데 이름만으로 성별을 구분할 수 없어서
  Mr. XXX로 보내는 실수를 생각보다 많이 한다. 이런 난감한 실수
  를 방지하기 위해 자신의 성별을 표시해주는 것이 좋다. "Baekho

Kang(Mr.)/Baekho Kang(he), Yoomi Han(Ms.)/Yoomi Han(she)"와 같이 이름 뒤에 성별을 표시해서 상대방을 배려하자.

- 이메일 주소는 서명에 포함하지 않아도 된다.
- 만약 MBA, PhD 등 자신의 학력을 알리고 싶다면 Baekho Kang, MBA 또는 Yoomi Han, PhD 등과 같이 이름 뒤에 학력을 표시할 수 있다.

6.
이메일 작성 연습

지금까지 배운 내용을 바탕으로 이메일을 작성해보자.

다음과 같은 상황을 가정해보자.

이선미 매니저가 Jane Doe에게 3분기 전략 회의를 요청하려고 한
다. Jane Doe는 최근에 새로 부임한 회사 간부 사원이다. Jane의
스케줄이 허락한다면 2020년 9월 3일 오전 10시에 회의를 잡고 회
의를 통해 수정된 판매 계획에 관한 논의와 2020년 광고 예산 리
뷰, 그리고 ABC project의 진행 상황을 업데이트하고자 한다.

단계1 제일 먼저 할 일은 이메일을 보낼 준비를 하는 것이다.

1. 내가 전달하려는 내용이 이메일에 적절한지 판단한다.
   ─ 전략 회의는 보안을 요구하는 내용, 기밀사항이나 매우 사적인 내용, 법적 분쟁이나 윤리적 쟁점을 야기할 수 있는 민감한 사항 등이 아니다. 이메일로 전달해도 적절한 내용이다.

2. 이메일의 목적을 분명히 하고 핵심 내용을 세 문장 이내로 기술해본다.

> • 목적: Jane Doe와 3분기 전략 회의 하기
> • 핵심 내용:
>   ─ 전략 회의에서 수정 판매 계획 논의, 2020년 광고 예산 리뷰, ABC project 현황 업데이트
>   ─ 회의 날짜: 2020년 9월 3일 10시를 제안

3. 받는 사람에 대한 분석: 받는 이는 누구인가? 보내는 사람과의 관계는? 받는 사람에 관해 무엇을 알고 있는가? 받는 이의 입장에서 생각한다. 받는 사람에 관한 분석에 따라 적절한 수준의 격식을 갖춘다.
   ─ Jane Doe는 간부 사원이다. 전략 회의의 안건에 관심이 높을 것으로 보인다. 새로 부임해서 상사에게 보내는 이메일이므로 어느 정도 격식을 갖추는 것이 좋을 것이다.

단계2 자, 이제 준비 과정이 끝났으니 이메일을 작성해보자. 열어보지 않아도 내용을 알 수 있도록 구체적으로 제목을 단다. 준비 과

정의 2번을 압축하면 된다. 회의 의제를 제목에 다 담으면 너무 길어지므로 본문에서 다루도록 한다. 아래와 같이 제목을 정할 수 있다.

3Q strategy meeting: Sep 3, 10 am

단계3 다음은 첫인사다. 단계1의 준비 과정에서 Jane Doe에게는 어느 정도 격식을 갖추어 메일을 보내기로 했다. 받는 사람에게 어느 정도 격식을 차린 이메일을 보낼 때는 "Dear (이름), 또는 Hello, (이름)"을 사용한다. 즉, "Dear Jane," 또는 "Hello, Jane," 정도로 고르면 된다. 여기서는 Dear를 써보자.

단계4 다음 단계는 본문의 시작이다. 본문은 바로 핵심으로 들어간다. 첫 문장은 일반적인 이메일 문장 공식으로 시작하면 된다.

I am writing to + 동사 (formal) I would like to + 동사 (semi-formal)	I am writing regarding/about + 명사
...... confirm my reservation	...... the invoice
...... inquire about your	...... the meeting
...... request some information	...... your offer to
...... inform you about	...... our order #12345
...... apologize for	...... receipt of ......
...... complain about	

이메일을 쓰는 목적은 Jane Doe와 3분기 전략 회의 일정을 잡는 것이다. 이에 맞는 동사 표현인 schedule a strategy meeting을 위의 공식에 대입하자. 다음과 같이 작성할 수 있다.

- I am writing to schedule a 3Q strategy meeting.
- I would like to schedule a 3Q strategy meeting.

두 표현 모두 사용할 수 있지만, 여기서는 아래의 "I would like to schedule a 3Q strategy meeting."을 쓰기로 하자.

단계5 다음은 본문 135페이지 단계1에서 준비 과정 2의 핵심 내용인 '전략 회의에서 수정 판매 계획 논의, 2020년 광고 예산 리뷰, ABC project 현황 업데이트'를 그대로 서술한다. 여러 내용을 나열할 때는 글머리 기호 목록을 활용해서 가독성을 높인다.

전략 회의 내용에 관한 부분은 아래와 같이 나타낼 수 있다.

The agenda of the meeting includes:

• Discussion of the revised sales plan
• Review of the 2020 advertising budget
• Update on the ABC project status

글머리 기호를 사용할 때는 나열할 내용의 구조와 형식을 일관되게 해야 함을 잊지 말자.

다음 핵심 내용은 미팅 날짜와 시간(2020년 9월 3일 10시)을 제안하는 것이다. 이에 관한 표현은 다음과 같이 쓸 수 있다.

> Would you be available for a meeting on (일정: Monday, September 3
> at 10 am)?
> Would (일정) works for you?
> Would (일정) suits you?

이렇게 해서 본문은 다 작성했다. 다음은 맺음말로 넘어가 보자.

단계6 맺음말은 감사/사과의 메일 혹은 도움/요청을 주는 상황이 아니면 일반적으로 "I look forward to + (이메일의 요지 반복)"으로 다시 한번 이메일을 쓴 목적을 상기해주면 된다. 여기서는 "I look forward to meeting you."를 쓰거나 답신을 기다린다는 의미로 "I look forward to hearing from you."를 쓸 수 있다. 여기서는 답신을 빨리 주기를 부탁한다는 의미로 'I would appreciate your prompt reply'를 사용하기로 하자.

그리고 끝인사는 어느 정도 격식을 차린 Best regards, Warmest regards, Regards 중에서 사용하면 된다. Many thanks를 써도 무방하다.

모든 단계를 종합하면 다음과 같은 이메일을 보낼 수 있을 것이다.

Subject	3Q strategy meeting: Sep. 3, 10 am

Dear Jane,

I would like to schedule a 3Q strategy meeting.

The agenda of the meeting includes:

- Discussion of the revised sales plan
- Review of the 2020 advertising budget
- Update on the ABC project status

Would you be available for a meeting on Tuesday, September 3 at 10 am? If not, when would be convenient time for you?

I would appreciate your prompt reply.

Kind regards,

Misun

제목	요청: 9월 3일 오전 10시 3분기 전략 회의

제인 님께

3분기 전략 회의 일정을 잡고자 합니다.

이번 회의에서 다룰 안건은 다음과 같습니다.

- 수정된 영업 계획 논의
- 2020년 광고 예산 검토
- ABC 프로젝트 현황 업데이트

9월 3일 오전 10시에 회의 참석이 가능하신지요? 이때 참석이 어려우시면 언제가 편하신지요?

빠른 회신 주시면 감사하겠습니다.

감사합니다.

미선

콘퍼런스 콜 제안도 일반적인 미팅 제안과 크게 다르지 않다. 이선미 매니저가 런던에 있는 클라이언트인 Tony Stark에게 project XYZ의 범위를 논의하기 위한 콘퍼런스 콜을 제안하고자 한다. (일정: 7월 23일 오전 9:30, 7월 25일 오전 10시, 7월 29일 오후 3시 제안) 어떻게 이메일을 작성해야 할까? 이전과 마찬가지로 단계별로 작성해 보자.

단계1 이메일 준비 과정

1. 내용이 이메일에 적절한지 판단	적합함
2. 이메일 목적 및 핵심 내용	Tony Stark와 콘퍼런스 콜을 통해 project XYZ의 범위를 논의 콘퍼런스 콜은 8월 27일 오전 10시나 8월 30일 오후 3시 제안
3. 받는 사람에 관한 분석	Tony Stark는 친분 있는 클라이언트. 어느 정도 예의를 갖춤

단계2 열어보지 않아도 내용을 알 수 있도록 구체적으로 제목을 단다.

Conference call request: scope of XYZ project

I am writing to + 동사 (formal) I would like to + 동사 (semi-formal)	I am writing regarding/about + 명사

이메일의 목적인 schedule a conference call to discuss를 위에 대입하면 다음과 같다.

> I would like to schedule a conference call with you to discuss the scope of project XYZ.

본문에서 상대방에게 시간을 제안하는 표현은 위의 미팅 제안에서 소개한 내용을 참조하면 된다.

참고로 말하자면, 일반적으로 상대에게 시간을 묻기보다는 두세 가지 옵션을 미리 제안하면 미팅이나 콘퍼런스 콜 일정을 더 빨리 확정할 확률이 높아진다. 또한, 외국에 있는 사람과 시간 약속을 정할 때는 어느 나라 시간 기준인지를 명확히 해야 혼란을 피할 수 있다.

단계4 맺음말과 끝인사도 위의 미팅 메일의 내용과 크게 다르지 않다. 참조하기 바란다.

위의 모든 단계를 거친 콘퍼런스 콜 요청 메일은 다음과 같이 정리할 수 있다.

Subject	Conference call request: scope of XYZ project

Dear Tony,

I would like to schedule a conference call with you to discuss the scope of the XYZ project.

I could be available on one of following days: (London time)

- Tue., July 23 at 9:30 a.m.
- Thu., July 25 at 10 a.m.
- Mon., July 29 at 3 p.m.

Which options would be convenient for you? If above options do not work for you, please let me know your convenient time.

I look forward to speaking with you soon.

Kind regards,

Sunmi

제목	콘퍼런스 콜 요청: XYZ 프로젝트의 업무 범위

토니 님께

XYZ 프로젝트의 업무 범위에 관해 논의하는 콘퍼런스 콜 일정을 잡기 위해 메일 드립니다.

제가 가능한 일정은 다음과 같습니다. (런던 시간 기준)

- 7월 23일 화요일 오전 9시 30분
- 7월 25일 목요일 오전 10시
- 7월 29일 월요일 오후 3시

어떤 옵션(일정)이 귀하에게 편하신지요? 위의 일정이 여의치 않으시다면 편한 시간을 알려주시기 바랍니다.

조만간 귀하와 내화할 수 있게 되기를 바랍니다.

감사합니다.

미선

연습 문제

1 위의 이선미 매니저가 Jane Doe에게 보낸 3분기 전략 회의 요청 메일에 답장해보자. Jane이 2020년 9월 3일에는 회사에 없어서 회의에 참석할 수 없다. 그 대신, 4일이나 5일에는 가능하다고 한다.

참고 답장에서의 문장은 다음과 같은 패턴으로 시작하면 된다.

I am writing in response to your email ……	…… of [상대방이 메일 받은 날짜] …… *** + ing (상대방 요청 내용) …… regarding
Thank you for your email ……	…… regarding …… *** + ing (상대방 요청 내용)
With reference to …… With regard to ……	…… you email of September 12 …… your request …… our discussion at the meeting on July 17 …… our telephone conversation

---

참고 일정에 관해 자주 쓰는 표현

일정이 가능할 때 쓸 수 있는 표현	일정이 불가능할 때 쓸 수 있는 표현
• Monday, July 15 at 10 would be fine/ perfect/good. 　7월 15일 10시라면 괜찮겠습니다. • I would be available on Monday, July 15 at 10. 　7월 15일 10시에는 가능하겠습니다. • Monday, July 15 at 10 works for me. 　7월 15일 10시가 적당하겠습니다.	• I'm afraid that I have a previous engagement at that time. 　그 시간에는 이미 선약이 있습니다. • Unfortunately, I will be out of the office on that day. 　아쉽게도 그날은 제가 회사에 없습니다.

| Subject | re) Conference call request: scope of XYZ project |

Dear Sunmi,

Thank you for your email regarding 3Q strategy meeting. I'm afraid that I will be out of the office on September 3. Could we meet on September 4 or September 5 at the same time?

Regards,

Jane

| 제목 | 회신) 콘퍼런스 콜 요청: XYZ 프로젝트의 업무 범위 |

선미 님께

3분기 전략 회의에 관한 이메일 보내주셔서 감사합니다. 저는 9월 3일에 회사에 없습니다. 9월 4일이나 5일 동일한 시간대에 미팅할 수 있는지요?

감사합니다.

제인

2 다음과 같은 목적을 가진 이메일을 작성해보자.

목적: 현재 상황을 고려할 때, 인도 지사를 설립하려는 결정을 미루는 것이 합리적이라는 의견
을 전달하여 상대방을 설득하고자 함

세부사항:
- 최근의 인도 정세와 정책 변화가 사업에 부정적인 영향을 줄 가능성이 있음
- 예측하기 어려운 기상 변화로 인해 지사 건설 계획에 차질이 있음
- 최근에 이루어진 임금 상승이 재정적 예측에는 고려되어 있지 않음

답

Subject	Suggestion to postpone our Indian office decision

Dear Jeremy,

I think we should postpone our decision to open a new office in India until we know
more about these challenges:

- Recent political situation and policy changes can seriously weaken our business
- Unpredictable weather can delay our construction plan
- Our financial forecast doesn't include current labor cost increase

We need to diagnose and resolve challenges before we finalize our action plan.
Please find attached my assessment of the challenges. Let's discuss the matter at the
next executive meeting.

Regards,

Baekho

제목	인도 사무소 결정 연기 제안

제레미 님께

다음 문제에 대해서 제대로 파악하기 전까지는 인도에 새 사무소를 개설할지에 관한 결정을 연기해야 한다고 생각합니다.

- 최근의 정치 상황 및 정책 변화가 우리 사업을 심각하게 약화시킬 수 있음.
- 예측할 수 없는 날씨로 우리의 건설 계획이 지연될 수 있음.
- 우리의 재무적 예측에는 현재의 인건비 상승이 포함되어 있지 않음.

실행 계획 확정에 앞서 이 문제들을 진단하고 해결해야 합니다. 해당 문제들에 대한 제 검토 의견을 담은 파일을 첨부하니 확인해주시기 바랍니다. 다음 실무 회의에서 이에 관해 논의해봅시다.

감사합니다.

백호

3 다음 목적과 세부사항을 토대로 메일을 작성해보자.

목적: 정기적으로 매월 팀장 회의를 열 것을 제안

세부사항:
- 정기 회의 제안 이유
  - 판매 현황 검토
  - 회사의 최우선순위를 모두가 동일하게 이해
  - 일정과 팀 간의 협업을 조정
  - 전사적 주요 업데이트 공유

답

Subject	Suggestion for monthly team head meeting

Dear team heads,

I would like to suggest that we hold a monthly meeting for team heads.

The purpose of the meeting is to:

- review sales progress
- get everyone on the same page about the company's top priorities
- coordinate on schedules and cross-team collaboration
- share any important company-wide updates

Please let me know what you think.

Best Regards,

Minho

4 다음 목적과 세부사항을 토대로 이메일을 작성해보자.

목적: Management meeting 장소, 시간, 안건 알림

세부사항:
- Management meeting이 9월 3일 오전 10시 conference room에서 열림
- 회의 안건
  - 새 채용방침 논의
  - 2020 회계연도 예산
  - SNS 관리 아웃소싱 여부 결정
- 회의 안건에 추가하고 싶은 것이 있으면 알려줄 것

답

Subject	Management meeting: Sep. 3, 10 am

Dear All,

Our next management meeting will be held at 10 a.m. on Tuesday, September 3 in the conference room.

The following items will be on the agenda:

- Discussion of the new hiring policy
- Review of the FY 2020 budget
- Decision about whether to outsource social media management

Please let me know if you would like to add anything to this agenda. All suggestions are highly welcomed.

I look forward to seeing you on Tuesday.

Best regards,

Ron

7.
이메일 예제와
유용한 표현들

1 미팅 요청 메일

1) 모르는 상대와 약속 잡기

모르는 상대에게 이메일을 보낼 때는 본론에 앞서 자기 소개가 필요하다. 이때는 이름뿐만 아니라 직함과 소속을 밝힌다. 그리고 회사에 관해 간단히 설명하는 것이 좋다.

만약 다른 사람의 소개로 이메일을 보낸다면 아래처럼 그 사정에 관해 언급하는 것이 좋다.

> Jinho Kim from the XYZ company gave me your email address because she thought that your company is interested in the import of footwear.
> XYZ 회사의 김진호 씨가 귀사에서 신발 수입에 관심이 있다고 생각해서 제게 메일 주소를 알려주었습니다.

Meeting request: benefit of ABC company's new software

Dear Ms. Martha Bower,

My name is Minho Kang. I am the senior sales manager of ABC company. Frank Kim from the DEF company gave me your email address because he thought that you might be interested in learning more about our new software application.

I would like to schedule a meeting with you to discuss the software application in more detail.

I would be grateful if you could let me know when it would be most convenient for you to meet.

I look forward to meeting you soon.

Best regards,

Minho Kang

제목 회의 요청: ABC 회사의 새 소프트웨어 혜택

마사 바우어 님께

제 이름은 강민호입니다. 저는 ABC 회사의 선임 영업 관리자입니다. DEF 회사의 프랭크 김이 귀하께서 저희의 새 소프트웨어 애플리케이션에 관해 관심이 있으신 것 같다고 생각해 제게 이메일 주소를 알려주었습니다.

소프트웨어 애플리케이션에 관해 더 상세히 설명드릴 수 있도록 회의 일정을 잡았으면 합니다.

언제가 회의하기 가장 편하신지 알려주신다면 감사하겠습니다.

조만간 만나뵐 수 있기를 기대합니다.

감사합니다.

강민호

2) 미팅 요청에 대한 답장

Dear Mr. Kang,

Thank you for your email of 20, October.

I would be very pleased to meet you at my office on Friday, October 23 at 11 am.

Please confirm if this works for you.

Regards,

Martha Bower

미스터 강에게

이메일 보내주셔서 감사드립니다. 귀하를 만나뵙고 사업 기회에 관해 이야기할 수 있다면 좋을 것 같습니다. 저는 10월 23일 금요일 오전 11시에 가능합니다.

이 일정이 괜찮은지 확인 부탁드립니다.

감사합니다.

마사 바우어

3) 미팅 컨펌 답장

Dear Ms. Bower,

Wednesday, October 23 at 11 am would be fine.

I look forward to meeting you then.

Best regards,

Minho Kang

바우어 님께

10월 23일 수요일 오전 11시에 미팅 시간을 내어주셔서 대단히 감사합니다.

그럼 그때 뵙겠습니다.

감사합니다.

강민호

4) 미팅 시간 변경

Dear Mr. Kang,

Due to unforeseen circumstances, I am afraid that I would not be able to meet with you on Wednesday, October 23 at 11 am.

Would it be possible to reschedule the meeting to Friday, October 25 at 10 am? If the new date and time are not suitable for your schedule, please let me know your convenient time to meet.

I apologize for the inconvenience it may cause you.

Best regards,

Martha Bower

미스터 강에게

예상치 못한 상황으로 인해 10월 23일 수요일 오전 11시에 만나뵙지 못하게 되어 죄송합니다.

10월 25일 금요일 오전 10시로 회의 일정을 조정할 수 있을까요? 새로운 날짜와 시간이 일정에 맞지 않으시다면 편한 시간을 알려주시기 바랍니다.

불편을 드려 죄송합니다.

감사합니다.

마사 바우어

5) 미팅 관련 유용한 표현

- I would like to meet with you to discuss ......

  ······에 관해 논의하기 위해 만나뵙고자 합니다.

- I would like to organize / schedule a meeting with you to discuss ......

  ······에 관해 이야기하기 위해 회의를 소집하고자/회의 일정을 잡고자 합니다.

- Could you please set up a meeting with us to further discuss this matter?

  이 문제에 관해 더 논의하기 위해 회의를 잡아주실 수 있으신가요?

- Would you be available on [날짜] for a meeting?

  [날짜]에 회의가 가능하십니까?

- Would you be available to discuss [business opportunity / potential collaboration / project]?

  [사업 기회/협업 가능성/프로젝트]에 관한 논의가 가능하십니까?

- When would it be convenient / available for you to meet?

  언제 회의하시기가 편하신지요?/회의가 가능하신지요?

- Please let me know you convenient / available time to meet.

  회의가 편하신/가능하신 시간을 알려주시기 바랍니다.

- I would be available on [날짜].

  저는 [날짜]에 가능합니다.

- I would be delighted/happy to discuss [주제] with you at your (earliest) convenience.

  [주제]에 관해 가장 (빠른) 편한 시간에 귀하와 논의한다면 좋을 것 같습니다.

- Please confirm your availability to meet on [날짜].

  [날짜]에 회의가 / 만나뵙는 게 가능한지 확인해주시기 바랍니다.

- I would like to confirm our meeting on [날짜].

  [날짜]에 만나뵙는 것을 / 회의를 확정하고자 합니다.

- October 23, 10 a.m. would be fine/perfect/good.

  10월 23일 오전 10시라면 괜찮겠습니다.

- October 23, 10 a.m. works for me.

  10월 23일 오전 10시가 좋겠습니다. / 괜찮습니다. / 가능합니다.

| Subject | Request for detailed information about software |

Dear Minho,

With reference to our meeting on October 23, could you possibly send further details about the new software application we have discussed?

I am truly impressed by the features that could benefit us, but I would like to have more detailed information including operating system compatibility.

I look forward to hearing from you soon.

Best regards,

Martha

| 제목 | 소프트웨어 관련 상세 정보 요청 |

민호 님께

10월 23일 회의와 관련하여 우리가 논의했던 새로운 소프트웨어 애플리케이션에 해서 더 상세한 정보를 보내주실 수 있으신지요.

우리에게 유용한 특징들이 매우 인상적이었지만 운영체제 호환성을 포함한 더 상세한 정보가 있으면 좋겠습니다.

조만간 연락받을 수 있기를 기대하겠습니다.

감사합니다.

마사

Dear Martha,

Thank you very much for your email and interest in our new software application.

Please find attached detailed information regarding the product.

Don't hesitate to let us know if you have any question regarding the information provided in the attachment.

Regards,

Minho

마사 님께

보내주신 메일과 저희 새 소프트웨어 애플리케이션에 대한 관심에 대단히 감사드립니다.

해당 제품에 관한 상세 정보는 첨부파일을 확인하시기 바랍니다.

첨부파일로 제공한 정보에 관해 문의사항이 있으시면 언제든지 알려주시기 바랍니다.

감사합니다.

민호

만약 Martha가 웹사이트를 보고 카탈로그를 요청하려 한다면 다음과 같이 이메일을 주고받을 것이다.

Dear sales manager,

I have seen your website and am interested in your range of organic pillows. Could you send me your current catalogue and price list?

Best regards,

Martha

영업 담당자님께

귀하의 웹사이트를 보고 다양한 유기농 베개 제품들에 관심이 생겼습니다. 현재의 제품 카탈로그와 가격표를 보내주시기 바랍니다.

감사합니다.

마사

Dear Martha,

Thank you for your enquiry about our organic pillows. I am pleased to enclose a catalogue and price list of our products.

You may be particularly interested in our newest product, RS1003. This model is the softest product on the market, helping the user achieve more restful sleep.

If you have any question, please let me know.

Kind regards,

Baekho

마사 님께

저희 유기농 베개 제품에 관해 문의해주셔서 감사합니다. 저희 상품에 대한 카탈로그와 가격표를 동봉하여 보내드리게 되어 기쁩니다.

최신 상품인 RS1003번에 특히 더 관심을 가지실 거로 생각합니다. 이 모델은 현재 시장에서 가장 부드러운 제품으로 보다 편안한 숙면을 도와줍니다.

궁금하신 사항이 있다면 알려주시기 바랍니다.

감사합니다.

백호

유용한 표현

- I am writing to inquire about ……

  ……에 관해 문의하고자 메일을 보냅니다.

- I would be interested in learning more about ……

  ……에 관해 더 알고 싶습니다.

- I am very interested in receiving / finding out more information on ……

  …… 에 대해 더 많은 정보를 받아보는 / 알아보는 데 매우 관심 있습니다.

- I would appreciate if you could send me further details about ……

  ……에 관해 더 자세한 내용을 보내주실 수 있다면 감사하겠습니다.

- I would be interested in receiving information about ……

  ……에 관한 정보를 받아보고 싶습니다.

- I would appreciate further information on ……

  ……에 관한 더 상세한 정보를 주시면 감사하겠습니다.

- I would be interested in receiving further information about ……

  ……에 관한 추가 정보를 받아보고 싶습니다.

- I would be interested to find out more about ……

  ……에 관해 더 많이 알아보고 싶습니다.

- Could you give me detailed information on ……

  ……에 관한 상세한 정보를 주실 수 있습니까?

- I would be grateful if you could send me further information.

  추가 정보를 보내주실 수 있다면 감사하겠습니다.

- With reference to your email on [날짜],

  [날짜]의 이메일을 참조하여

- In response to your request / inquiry,

  귀하의 요청 / 문의에 대한 답변으로

- Thank you for your email on [날짜],

  [날짜]의 이메일에 감사드립니다.

- Thank you for your enquiry dated [날짜] regarding ......

  ......에 관해 [날짜]에 주신 문의에 감사드립니다.

- In response to the inquiry you made concerning ......

  ......에 관하여 귀하께서 주신 문의에 대한 답변으로

- In answer to your inquiry,

  귀하의 문의에 대한 답변으로

- As you requested, I am enclosing ...... / I enclose ......

  요청하신 대로 ......를 동봉/첨부해서 보냅니다.

- Please find attached documents.

  첨부한 문서를 확인해주시기 바랍니다.

- As requested, please find attached ......

  요청하신 대로 첨부한 ......을 확인해주시기 바랍니다.

- Attached, please find the documents you requested regarding ......

  첨부하였으니, ...에 관해 귀하께서 요청하신 문서를 확인해주시기 바랍니다.

- I look forward to receiving the information.

  정보를 받아볼 수 있기를 기대합니다.

- I look forward to hearing from you.

  연락 주시기를 기대합니다.

- I look forward to your response.

  회신을 기대합니다.

3 항의/불만 메일

Dear Mr. Garrison,

The goods that we ordered on October 7 (order AB1235) were delivered this morning. Unfortunately, 20 of them were badly damaged.

We would appreciate it very much if you would replace them immediately.

I look forward to your prompt reply.

Best regards,

James Garner

개리슨 씨에게

10월 7일에 주문한 상품들(주문번호 AB1235)이 오늘 오전에 배달되었습니다. 하지만 유감스럽게도 이들 중 20여 개가 심하게 파손되었습니다.

파손된 상품들을 즉각 교환해주시면 감사하겠습니다.

빠른 답변 부탁드립니다.

제임스 가너

Dear Mr. Kang,

Regarding our order for the Natural Latex Pillow (code SB275)
on October 12, we regret to point out that the goods have not yet
reached us.

This delay is causing considerable inconvenience, so we hope you
can complete the order immediately.

I look forward to your prompt reply.

Best regards,

Bruce Wayne

미스터 강에게

천연 라텍스 베개(code SB275)에 대한 주문과 관련하여 유감스럽게도 아직 상품이
배달되지 않았습니다.

늦은 배송으로 인하여 매우 어려움이 큽니다. 즉시 상품배송이 되기를 희망합니다.

빠른 처리를 부탁드립니다.

브루스 웨인

Dear Mr. Rogers,

We are very sorry that you still have not received your order dated October 12, 2020 for the Natural Latex Pillow (code SB275).

Unfortunately, our stock is depleted because the demand for this item has exceeded our expectations. An unusually large number of orders has disrupted our normal delivery schedule. However, we fully expect to be able to deliver these items by November 15, 2020. If you agree with the new delivery date, we will send you the items immediately.

Please let us have your instructions.

Again, we apologize for the inconvenience and look forward to filling your future orders promptly.

Best regards,

Minho

로저스 씨에게

2020년 10월 12일에 주문하신 천연 라텍스 베개(SB275번)를 아직 받지 못하신 점 대단히 죄송합니다.

불행히도 이 상품의 수요가 저희 예상을 초과하는 바람에 재고가 소진됐습니다. 비정상적으로 많은 주문 때문에 배송 일정에 차질이 생겼습니다. 하지만 저희 예상으로는 2020년 11월 15일까지는 충분히 해당 상품을 배송해드릴 수 있을 것 같습니다. 새로운 배송일자에 동의하신다면 저희가 즉시 제품을 보내드리겠습니다.

새로운 배송일자에 동의하시는지 알려주시기 바랍니다.

다시 한번 불편을 끼쳐드린 점에 대해 사과드리오며, 차후에 주문해주시면 지체없이 제시간에 배송해드리도록 하겠습니다.

감사합니다.

민호

유용한 표현

- Please accept our apologies for the delay.

  지연에 대한 저희의 사과를 받아주시기 바랍니다.

- Please accept our deepest (sincere) apologies for ……

  ……에 대한 저희의 심심한 사과를 받아주시기 바랍니다.

- My apologies for ……

  ……에 대해 사과드립니다.

- I would like to extend our sincerest apologies for ……

  ……에 대해 진심으로 사과드리고 싶습니다.

- My (sincere) apologies for any inconvenience caused ……

  ……으로 인해 발생한 모든 불편함에 대해 (심심한) 사과를 드립니다.

- On behalf of the company, I would like to offer/extend our sincerest apologies for ……

  회사의 행위로 인해 발생한 ……에 대해 진심 어린 사과를 드리고 싶습니다.

- We are sincerely sorry to hear that ……

  ……하게 되어 진심으로 죄송합니다.

- We are sorry for the inconvenience / misunderstanding / confusion.

  불편함을 초래하여 / 오해(혼동)을 불러 일으켜 / 죄송합니다.

- We are very sorry to hear about your problem with ……

  ……에 관한 귀하의 문제에 대해 매우 죄송합니다.

- We apologize for ……. and we would like to take this opportunity to assure you that it will not happen again.

  ……에 대해 사과드리오며, 이번을 기회로 삼아 다시는 이런 일이 발생하지 않도록 하겠습니다.

- I hope you will accept my apologies for the inconvenience caused.

  불편을 드려 대단히 죄송합니다. 사과드립니다.

- Please accept my / our apologies for ……

  ……에 대한 사과를 받아주시기 바랍니다.

- I am very sorry to tell you that ……

  ……라고 말씀드리게 되어 대단히 죄송합니다.

- I am very sorry for the delay caused by ……

  ……로 인한 지연에 대해 대단히 죄송합니다.

- Thank you for bringing / calling this to our attention.

  이를 저희에게 알려주셔서/인지시켜주셔서 감사드립니다.

- I / We appreciate your calling our attention to ......

  ......에 대해 알려주셔서 감사합니다.

- I would like to thank you for bringing this to our attention.

  이를 저희에게 인지시켜주셔서 감사드리고자 합니다.

- We deeply regret any inconvenience that you have suffered as a result
  of our mistakes.

  저희의 실수로 인해 겪으신 불편함에 대해 깊이 사죄드립니다.

- I hope that this misunderstanding has not caused you too much
  inconvenience.

  이런 오해가 부디 크게 불편함을 끼쳐드리지 않았기를 바랍니다.

- We would like to apologize again, and can assure you that a similar
  incident will not happen again.

  다시 한번 사과드리고 싶으며, 이와 유사한 사건이 다시 발생하지 않도록 하겠습니다.

- Please be assured that we have taken all the necessary measures so
  that this type of mistake never happens again.

  이런 류의 실수가 절대 재발하지 않도록 필요한 모든 조치를 취하겠습니다.

Subject	Request for quotations for organic pillows

Dear Mr. Kang,

We understand that your company manufactures organic pillows with the high quality of material and finish and would like to request a quotation on the following items.

Code	Product name	Quantity required
ES001	Extra Soft Down Filled Pillow	500
SB103	Memory Foam Pillow	300
SB275	Natural Latex Pillow	200

We are hoping to place regular orders with you as long as your prices are competitive.

I look forward to a prompt reply.

Regards,

Bruce Wayne

제목	유기농 베개 견적서 요청

미스터 강에게

귀사에서 재료와 마감이 뛰어난 유기농 베개를 생산한다는 사실을 알게 되어 다음 상품에 대한 견적서를 요청드리고자 합니다.

Code	Product name	Quantity required
ES001	Extra Soft Down Filled Pillow	500
SB103	Memory Foam Pillow	300
SB275	Natural Latex Pillow	200

경쟁력 있는 가격을 제시해주시면 저희는 귀사에 정기 주문을 신청할 수 있게되리라 생각합니다.

신속한 회신 기다리겠습니다.

감사합니다.

브루스 웨인

견적을 요청할 때는 간결하지만 최대한 자세하게 설명해야 한다. 위의 예제는 간단한 가상의 상황을 설정했다. 실무에서는 상품에 따라 가격도 세분해서 요구할 수 있고 주문량뿐만 아니라 필요 시기, 배달 비용 등 더 구체적인 정보를 포함할 수 있다.

Dear Mr. Wayne,

Thank you for your enquiry of October 5, 2020. We are pleased to quote as follows:

Code	Product name	Quantity	Price (USD)	Total (USD)
ES001	Extra Soft Down Filled Pillow	500	75 each	37,500
SB103	Memory Foam Pillow	300	80 each	24,000
SB275	Natural Latex Pillow	200	95 each	19,000
Total				80,500

We hope you find these terms satisfactory. Please note that our stocks of SB275 are limited. So we suggest you place an order immediately.

Please give me a call on 02-1234-5678 if you have any questions.

We hope to receive your order soon.

Best regards,

Baekho

웨인 씨에게

2020년 10월 5일에 주신 문의에 감사드립니다. 저희는 다음과 같이 견적을 드리게 되어 기쁩니다.

Code	Product name	Quantity	Price (USD)	Total (USD)
ES001	Extra Soft Down Filled Pillow	500	75 each	37,500
SB103	Memory Foam Pillow	300	80 each	24,000
SB275	Natural Latex Pillow	200	95 each	19,000
Total				80,500

이 조건이 만족스러우시길 바랍니다. SB275번의 재고 수량이 한정되어 있음에 유의하시기 바라오며, 즉시 주문을 넣으실 것을 제안 드립니다.

질문이 있으시다면 02-1234-5678로 전화 주시기 바랍니다.

곧 귀하의 주문이 있기를 기대합니다.

감사합니다.

만약 가격 요청을 한 제품이 많아서 견적서가 길어질 것 같다면 견적서는 파일로 작성해서 이메일에 첨부하자. 이럴 때는 메일 본문에 다음과 같이 표현하면 된다.

- Our quotation for organic pillows is attached.

  유기농 베개에 대한 견적서를 첨부합니다.

유용한 표현

- I would like to request a quote for ……

  ……에 대한 견적을 요청드리고자 합니다.

- Please quote for the supply of ……

  ……의 공급을 위한 견적을 부탁드립니다.

- Please send me a quotation for ……

  ……에 대한 견적서를 보내주시기 바랍니다.

- I would be interested to know the price of ……

  ……의 가격을 알았으면 좋겠습니다.

- Please let me have a quotation for ……

  ……에 대한 견적서를 받아보았으면 합니다.

- Please could you provide me with a quote for ……

  ……에 대한 견적을 제공해주실 수 있으신지요.

- I would be grateful if you could quote for the items ……

  …… 상품에 대해 견적을 내주시면 감사하겠습니다.

- I would be grateful if you could send me a quote for the following ……

  다음 ……에 대해 견적을 보내주실 수 있다면 감사하겠습니다.

- If you can give us a competitive quotation, we expect to place a regular /large/early order.

  귀하께서 경쟁력 있는 견적을 주실 수 있다면, 저희는 정기/대량/조기 주문을 드릴 수 있을 거로 기대합니다.

- We hope that this can be the start of a long-lasting business relationship.

  이번 거래를 계기로 귀사와의 관계가 지속적이고 돈독한 사업관계로 발전될 수 있기를 희망합니다.

- We are pleased to quote as follow ……

  저희는 다음 ……과 같이 견적을 드릴 수 있어 기쁩니다.

- Thank you for your enquiry of …… and we are pleased to quote as follows.

  ……에 관한 문의에 감사드리며, 다음과 같이 견적을 드릴 수 있어 기쁩니다.

- We can quote you a unit price of USD 75 for order of 100 units or more.

  100개 이상 주문에 대해서는 개당 75달러로 견적을 드릴 수 있습니다.

- Please note that our prices are subject to change without notice.

  저희 가격이 예고 없이 변경될 수 있다는 점을 유의해주시기 바랍니다.

- We hope you will find our quotation satisfactory and look forward to receiving your order.

  저희 견적서가 만족스러우시길 바라며, 귀하의 주문을 받기를 기대합니다.

- Our terms of payment are as follows ……

  저희의 지불 조건은 다음 ……와 같습니다.

상품의 경우에는 가격 견적서를 요청하지만, 사전에 미리 확정하기 어려운 서비스나 공사비 등의 경우에는 예상 견적서를 요청한다. 이때는 다음과 같이 quotation/quote 대신 estimate를 사용하면 된다.

- I would like to request an estimate of ……

  ……의 예상 견적서를 요청하고자 합니다.

- Please let me have an estimate for ……

  ……에 대한 예상 견적서를 받아볼 수 있게 부탁드립니다.

6 주문 이메일

만약 170페이지에서 견적을 요청한 베개를 주문해야 한다면 다음과 같다. 회사에는 대부분 자체 온라인 주문 양식이 있지만, 이메일을 써야만 하는 상황을 가정하고 작성했다.

Subject New order for item ES001

Dear Baekho,

Thank you for your quotation dated October 3. Please supply the item ES001 as follows.

Code	Product name	Quantity	Price ($)	Total ($)
ES001	Extra Soft Down Filled Pillow	500	75 each	37,500

I hope you can deliver them by the end of the following week (October 11).

Best regards,

Bruce

제목 ES001 품목에 대한 새 주문

백호에게

10월 3일 자 견적서에 감사드립니다. ES001번 상품을 다음과 같이 공급해주시기 바랍니다.

Code	Product name	Quantity	Price ($)	Total ($)
ES001	Extra Soft Down Filled Pillow	500	75 each	37,500

다음 주 주말(10월 11일)까지 배송해주시기 바랍니다.

감사합니다.

브루스

주문서를 파일로 첨부해야 한다면, 메일 본문에는 다음과 같이 표현할 수 있다.

- Our order number *** for the item (code ES001) is attached.

  해당 상품(ES001번)에 대한 ***번 주문서를 첨부했습니다.

- We enclose our official order form (order number ***).

  저희의 공식 주문서 양식(***번 주문서)를 동봉합니다.

만약 위의 주문을 전화로 하고 메일로 확정하고자 한다면 메일 본문을 다음과 같이 쓰면 된다.

Subject | Confirmation of order for item ES001

Dear Baekho,

Thank you for your time talking with me today. I confirm our order as follows:

	Product name	Quantity	Price (USD)	Total (USD)
ES001	Extra Soft Down Filled Pillow	500	75 each	37,500

I hope you can deliver them by the end of the following week (October 11).

Best regards,

Bruce

제목	ES001번 상품 주문 확정

백호에게

오늘 상담 시간을 내어주셔서 감사합니다. 저희 주문을 다음과 같이 확정하고자 합니다.

	Product name	Quantity	Price (USD)	Total (USD)
ES001	Extra Soft Down Filled Pillow	500	75 each	37,500

다음 주 주말(10월 11일)까지 상품을 배송해주실 수 있기를 바랍니다.

감사합니다.

브루스

이에 대한 답장은 다음과 같이 작성할 수 있을 것이다.

Dear Bruce,

Thank you for your order today of ES001.

All the items are in stock, so you will receive them by the end of the following week (October 11).

We hope you will find the item ES001 satisfactory and look forward to receiving further orders.

Best regards,

Baekho

브루스에게

오늘 ES001번 주문에 감사드립니다.

해당 상품은 재고가 있으므로, 다음 주말(10월 11일)까지 받으실 수 있습니다.

ES001번 상품이 만족스러우시기 바라오며, 추가 주문을 기다리겠습니다.

감사합니다.

백호

유용한 표현

- I am writing to place an order for ......

  ......을 주문하기 위해 메일을 씁니다.

- We are pleased / glad to place our first order with you for the following items.

  다음 품목에 대해 첫 주문을 하게 되어 기쁩니다.

- I would like to purchase (수량) of the ...

  ...... (수량) 개를 구매하고자 합니다.

- I would like to place an order for the following products.

  다음 제품을 주문하고자 합니다.

- Thank you for your quotation of ......

  ......에 대한 귀하의 견적에 감사드립니다. / 견적서를 보내주셔서 감사드립니다.

- Please supply the following items.

  다음 상품을 배송/공급해주시기 바랍니다.

- We look forward to prompt delivery.

  신속한 배송/배달을 기대합니다.

- Thank you for your order of ……

  ……의 주문에 감사드립니다.

- Unfortunately, we are temporarily out of stock on the item below.

  아쉽게도 아래 상품은 일시적으로 품절입니다.

- I am sorry to inform you that the goods ordered on …… cannot be delivered / supplied / shipped.

  …에 주문하신 상품을 배송/공급/선적할 수 없음을 알려드리게 되어 죄송합니다.

- We look forward to receiving your further orders.

  귀하의 추가 주문을 기다리겠습니다.

위의 상황에서 만약 invoice를 첨부파일로 보내야 한다면, 다음과 같은 표현을 쓸 수 있다.

- We attach our invoice number ES01003 for the Extra Soft Down Filled Pillows ordered on October 11.

  10월 11일에 주문하신 엑스트라 소프트 다운필드 베개에 대한 ES01003번 계산서를 첨부합니다.

- Our invoice number ES01003 for the Extra Soft Down Filled Pillows is attached.

  엑스트라 소프트 다운필드 베개의 계산서 ES01003번을 첨부합니다.

- Our invoice number EX01003 is attached covering Extra Soft Down Filled Pillows ordered on October 11.

  10월 11일에 주문하신 엑스트라 소프트 다운필드 베개에 해당하는 ES01003번 계산서를 첨부합니다.

7 결제 관련 이메일

Payment와 관련하여 사용할 수 있는 표현

- We have instructed our bank to transfer USD 37,500 to your account in payment of your statement of October 22.

  귀하의 10월 22일 명세서에 대한 지급으로 37,500달러를 귀하의 계좌로 이체하도록 은행에 지시했습니다.

- We have made a credit transfer to your account at the Citibank, 120 W Broadway, New York, in payment of your statement of October 22.

  귀하의 10월 22일 명세서에 대한 지급으로 뉴욕 브로드웨이 서120번가의 Citibank에서 귀하의 계좌로 신용 이체를 했습니다.

- We have pleasure in enclosing our draft / cheque for USD 37,500 of your invoice dated October 22, 2020.

  2020년 10월 22일 자 계산서에 해당하는 37,500달러를 어음/수표로 동봉합니다.

- We enclose our draft/cheque for USD 37,500 in payment of your invoice number ES01003.

  2020년 10월 22일 자 계산서에 해당하는 37,500달러를 어음/수표로 동봉합니다.

- Thank you for your draft/cheque for USD 37,500 in payment invoice dated October 22, 2020.

  2020년 10월 22일 자로 작성한 계산서 대금 37,500달러 어음/수표 지급에 감사드립니다.

필요에 따라서 결제를 부탁하는 독촉 이메일을 보내야 할 때도 있다. 다음 예제를 살펴보자.

| Subject | Invoice # ES01003 is past due |

Dear Mr. Banner,

According to our records, we have yet to receive payment on the invoice number ES01003 for the amount of USD 37,500, which was due on November 25, 2020. I would appreciate if you could check this out on your end. If the payment has already been made, please disregard this email.

We hope to receive an early settlement of this account.

Regards,

Minho Ahn

배너 씨에게

저희 기록에 의하면, 2020년 11월 25일로 예정된 ES01003번 계산서 대금 총 37,500달러를 아직 지급받지 못했습니다. 귀하 측에서 이 건에 관해 확인해주신다면 감사하겠습니다. 이미 결제하셨다면 이 이메일은 신경쓰지 않으셔도 됩니다.

신속히 대금이 결제되기를 기대합니다.

감사합니다.

안민호

유용한 표현

- It seems that our invoice number ES01003 for USD 37,500 remains unpaid.

  ES01003번 청구서의 37,500달러가 아직 미지급 상태인 것으로 보입니다.

- According to our records, the sum of USD …… is still outstanding on your account.

  저희 기록에 의하면, 귀하의 계좌에서 총 ……달러가 여전히 미결제 상태입니다.

- Our records show that your account, which was due for payment on …… is still outstanding.

  저희 기록상에는 ……에 지급 예정이었던 귀하의 계좌가 여전히 미결제 상태입니다.

- We look forward to receiving your payment soon.

  곧 귀하의 지불이 이루어지길 기다리겠습니다.

- We hope to receive an early settle of this account.

  신속히 대금지불이 이루어지길 바랍니다.

8 조언을 구하는/조언하는 이메일

Dear Bruce,

I would be grateful for your advice concerning successful project management.

I was assigned to lead the ABC project. As a first-time project manager, I need help and guidance to keep the project on track. I would be grateful if you could give me the benefit of your experience.

Thank you for your time and assistance.

Best regards,

Kangho

브루스 씨에게

성공적으로 프로젝트를 관리하는 데 대한 조언을 부탁드립니다.

제가 이번에 ABC 프로젝트 관리를 맡게 되었습니다. 프로젝트 매니저는 처음이라서 프로젝트를 제대로 수행할 수 있도록 많은 도움과 지침이 필요합니다. 그동안의 많은 경험에서 우러나오는 충고를 해주시면 감사하겠습니다.

감사합니다.

강호

Dear Kangho,

Following your email regarding successful project management, I would like to make the following suggestions:

1. Clarify project goals and objectives.
2. Define critical project milestones.
3. Break large tasks down into smaller, more manageable pieces.
4. Delegate smaller projects to your team members.
5. Check the work and provide feedback.

I hope that this advice is of help to you.

Best wishes,

Bruce

강호 씨에게

성공적인 프로젝트 관리에 관한 이메일에 대한 답변으로 아래 사항들이 필요하다고 조언드리고자 합니다.

1. 프로젝트 목적과 세부 목표들 명확하게 정리하기
2. 프로젝트 수행에 있어서 중요한 시점들을 정의하기
3. 큰 과제를 관리하기 쉬운 작은 과제들로 나누기
4. 소규모의 업무를 팀원들에게 나누어 맡기기
5. 업무를 점검하고 피드백하기

제 조언이 도움이 되었으면 합니다.

감사합니다.

브루스

유용한 표현

- I would appreciate your advice concerning ……

  ……에 관한 당신의 조언에 감사드립니다.

- I would be grateful if you could give me some advice about ……

  ……에 관해 당신이 조언해주실 수 있다면 감사하겠습니다.

- I would be grateful for your advice concerning ……

  ……에 관한 당신의 조언에 감사드립니다.

- I would appreciate your advice on ……

  ……에 관한 당신의 조언에 감사드립니다.

- I would like to make the following suggestions.

  다음과 같이 제안하고 싶습니다.

- I would suggest that ……

  ……를 제안하고자 합니다.

- I would advise you to ……

  ……를 하라고 조언합니다.

- I think it might be a good idea to ……

  ……를 하는 것이 좋은 생각 같습니다.

- Could you possibly offer your advice on ……

  ……에 관해 조언해주실 수 있겠습니까?

Business
E-MaiL
The Best Recipe

IV

명품 이메일을 위한
아주 특별한 Tip

명품 이메일을 위한
아주 특별한 Tip

1 반드시 리뷰하고 이메일을 보낸다

이메일을 완성하자마자 바로 보내기 버튼을 누르려는 경향은 누구에게나 있다. 그래서 메일을 보내고 나서 뒤늦게 '아차' 하는 실수를 발견할 때가 종종 생긴다. 하지만 그때는 이미 돌이킬 수 없는 상황이다.

그런데 이렇게 오·탈자나 문법 오류 등의 작은 실수가 담긴 이메일을 성급히 보내면, 개인적인 아쉬움은 차치하더라도 그간 공들인 당신의 노력과 훌륭한 내용에도 불구하고 받는 사람에게 부정적인 선입견을 줄 수 있음을 명심해야 한다. 특히 받는 사람이 고객일 때 이런 실수를 범하면 보내는 사람이나 보내는 사람이 속한 회사에 대한 잘못된 인상을 남긴다. 이러면 비즈니스에도 좋지 않은 영향을 미칠 수 있다.

이렇게 나중에 후회할 일을 만들지 않으려면 이메일에 철자나 문법적 오류가 있는지 꼼꼼하게 점검해야 한다. 워드프로세서의 맞춤법 검사기나 문법 검사기를 사용해도 좋으나, 이들 검사기를 너무 신뢰하는 것은 위험하다. 검사기로도 걸러지지 않는 오류가 많기 때문이다. 앞으로는 성급하게 보내기 버튼을 누르는 대신, 다음의 사항들을 반드시 점검하자.

제일 먼저, 받는 사람의 이름이 정확한지부터 확인한다. 특히 외국인의 이름은 우리에게 친숙하지 않기 때문에 자기도 모르게 실수하는 경우가 많으니 주의하자. 이름의 오류는 워드프로세서의 맞춤법 검사기로도 발견할 수 없다. 받는 사람의 이름을 잘못 쓰면 바로 눈에 띄며, 이메일의 시작부터 상대방에게 좋지 않은 인상을 줄 가능성이 높다.

첨부파일이 있다면 제대로 첨부했는지, 올바른 파일을 첨부했는지 다시 한번 점검한다.

중요한 메일을 보낼 때는 반드시 출력해서 확인하자. 우리가 화면상으로 글을 읽을 때는 이를 이미지로 인식하고 언어를 관장하는 좌뇌보다 우뇌가 더 활성화된다. 화면상에서만 퇴고하면 인쇄할 글을 읽고 퇴고할 때보다 정밀하게 글을 교정하기 어렵다. 오·탈자나 문법적 오류를 피하기 위해서는 출력해서 글을 읽고 교정하는 편이 훨씬 더 효과적이다.

여기에 더해 눈으로만 읽기보다는 소리 내어 읽는 것이 더 효과적이다. 소리 내어 읽으면 오·탈자는 물론 어색한 문장이나 분명하지 않은 문구도 더 효과적으로 찾아낼 수 있다.

퇴고는 두 번에 나누어서 한다. 첫 번째는 내용을, 두 번째는 오·탈자, 문장부호 등의 표현법에 초점을 맞추어서 해야 한다. 우리 뇌는 멀티태스킹에 약하기 때문에 한 번에 내용과 오·탈자 등을 전부 확인하려고 하면 두 마리 토끼를 모두 잃을 수 있다.

정말 중요한 이메일이라면 다른 사람에게 교정을 부탁하는 것도 한 방법이다. 바둑이나 장기를 둘 때 옆에서 훈수를 두는 사람이 판세를 훨씬 더 잘 읽는 것과 같은 이치이다. 한 걸음 떨어져서 객관적으로 볼 수 있기 때문이다. 문서 교정도 마찬가지이다. 글을 쓴 사람의 눈보다는 제삼자의 눈이 문법이나 철자 오류를 훨씬 더 효과적으로 찾아낼 수 있다.

왜냐하면 우리 뇌는 익숙한 자극보다 새로운 자극에 더 효율적으로 반응하기 때문인데, 이는 생존과 직결되어 있다. 원시 시대에는 익숙한 자극보다 새로운 자극에 민감해야 위험을 피하고 생존력을 높일 수 있었다. 아내가 헤어스타일을 바꾸어도 매일 보는 남편은 그 사실을 잘 눈치채지 못하지만, 오랜만에 본 빵집 아주머니는 바로 알아보는 이유도 이런 이치 때문이다. 실제로 국제행사 전날 현수막을 여러 명이 수십 번 확인해서 틀린 부분이 없다고 생각했는데, 행사 당일 국장이 행사장에 들어오자마자 틀린 글자를 찾아낸 적도 있었다. 물론 굉장히 혼이 났다. 오·탈자뿐만 아니라 구성이나 내용에 관해서도 다른 사람이 더 객관적으로 판단할 수 있다.

1) 모르는 상대방에게 보내는 첨부파일은 두 번째 메일에

전혀 모르는 상대방에게 회사소개서나 제안서를 보내야 할 때가 종
종 생긴다. 그런데 사람들은 대부분 처음 보내는 메일에 그냥 회사
소개서나 제안서를 첨부해서 보낸다. 만약 받은메일함에 전혀 모르
는 사람에게서 온 이메일이, 그것도 알 수 없는 파일을 첨부한 이메
일이 와 있다면, 대부분은 그 메일을 바로 지울 것이다. 심지어 최근
에는 이메일을 통해 사용자의 시스템을 랜섬웨어와 같은 악성 바이
러스로 감염시키는 사례도 늘고 있다. 이런 바이러스 감염 위험에
대한 우려 때문에라도 사람들은 모르는 사람에게 온 메일의 첨부파
일을 그냥 열어보지 않는다. 아예 메일 시스템상에서 모르는 사람
에게 온 파일이 첨부된 메일을 아예 스팸메일로 간주하고 즉시 삭
제하거나 휴지통으로 보내기도 한다.

따라서 모르는 상대방에게 회사소개서나 제안서를 보내야 한다면
적어도 두 번의 메일로 나누어 보내자. 첫 번째 메일에 당신과 회사
를 소개하고, 메일을 보내는 목적을 밝힌다. 회사소개서나 제안서를
보내겠다고 미리 알려주는 것이 좋다. 이렇게 상대방에게 미리 당
신과 회사에 관해 알린 후 관련 파일을 첨부해야 상대방이 당신의
파일을 읽을 가능성이 커진다.

2) 첨부파일 빼먹지 않는 법: 내용을 작성하기 전에 파일부터 첨부한다

업무상 파일을 첨부해서 이메일을 주고받는 일은 많이 생긴다. 하
지만 중요한 사안인데 정작 첨부파일을 빠뜨린 채로 이메일을 보
내고 나서 통한의 후회를 했던 경험은 누구나 있을 것이다. 아마도

이메일과 연관해서 가장 빈번하게 발생하는 실수 중 하나일지도
모른다.

이런 실수를 피하는 방법은 의외로 간단하다. 상대방에게 파일을
보내야 할 때는 내용을 작성하기 전에 미리 파일부터 첨부하는 것
이다. 이렇게 하면 첨부파일을 빠뜨리고, 다시 메일을 써야 하는 수
고를 덜 수 있다.

이메일 커뮤니케이션에서 첨부파일을 빠뜨리고 보내는 실수는 왜
이렇게 흔히 일어날까? 덤벙대는 성격이나 건망증 탓을 하기에는
너무나 많은 사람이 같은 실수를 반복해서 저지른다.

사실 이 문제의 진짜 이유는 뇌과학에 있다. 우리 뇌는 좌반구와 우
반구로 구성되어 있으며, 그 기능은 각기 다르다. 좌뇌에는 언어센
터(브로카, 베르니케 영역)가 있어서 주로 언어를 처리하며, 우뇌는 주

인간의 좌뇌 중 언어 기능과 관련된 주요 영역

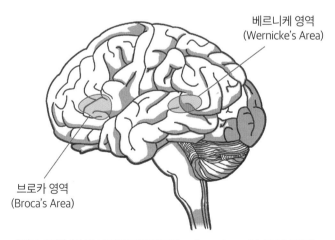

베르니케 영역
(Wernicke's Area)

브로카 영역
(Broca's Area)

출처: 뉴욕시립대학(CUNY) 열린교육프로그램(http://opened.cuny.edu) 웹교재 중 발췌

로 감정을 다룬다. 그래서 일반적으로 사람이 글을 읽고 쓸 때는 좌뇌가 주로 관여한다.

하지만 컴퓨터를 통해 읽고 쓸 때는 다른 메커니즘이 작용한다. 컴퓨터 스크린을 확대해보면 글자는 픽셀로 구성되어 있다. 컴퓨터 화면에 나타나는 픽셀은 우리 뇌에서 글자가 아니라 이미지로 인식된다. 따라서 언어센터가 있는 합리적인 좌뇌가 아니라 감정적인 우뇌가 더 활성화되기 때문에 이메일을 읽거나 쓸 때 우리는 감정적으로 반응하기 쉽다.

종이에 인쇄한 글을 읽을 때는 흥분하지 않을 일도 이메일을 읽을 때는 쉽게 흥분하는 이유가 바로 여기에 있다. 전화로나 만나서 대화할 때보다 이메일로 할 때 더 공격적이고 감정적인 커뮤니케이션을 하는 것 역시 마찬가지 이유 때문이다. 특히 이메일에서는 표정, 목소리 톤, 제스처 등 비언어적 커뮤니케이션 요소가 배제되기 때문에 감정 전달이 더 어렵다. 제대로 소통하기 위해서는 아주 신중해야 한다. 내가 부정적인 감정을 담아 쓰지 않았어도 받는 사람은 감정적으로 받아들이기 쉽다. 따라서 이메일을 보낼 때는 미리 계획하고, 보내기 전에 반드시 검토하는 단계가 필요하다.

흥분했거나 화가 난 상태에서는 바로 이메일을 보내지 말고 다음 날 아침까지 기다렸다가 보낸다면 후회할 일을 막을 수 있다. 출간된 지 100년이 넘었지만 아직도 우리에게 많은 지혜를 주는 톨스토이의 『살아갈 날들을 위한 공부』의 다음 구절은 바로 이럴 때 적용될 수 있다.

"When you feel depressed, or in a bad mood, think of yourself as being sick. Do not move too much, do not do anything, just wait until you are feeling better."

"마음이 울적하거나 심기가 불편할 때는 자신이 아프다고 생각하라. 너무 많이 움직이지 말고 아무것도 하지 않은 채로 그저 기분이 나아질 때까지 기다려라."

3) 파일을 잘못 보내지 않는 법: 보내기 직전에 첨부파일을 열어본다

첨부파일과 관련한 또 다른 실수는 다른 파일을 보내는 것이다. 파일을 수정하다 보면 여러 버전이 생기고 파일명도 비슷해서 다른 파일을 잘못 보내는 실수를 범하기 쉽다. 이력서나 중요한 제안서 파일을 잘못 보내면 여간 당혹스러운 일이 아닐 수 없다. 이런 실수를 방지하려면 이메일을 보내기 직전에 이메일 작성 화면에서 첨부파일을 열어 보내야 할 파일이 맞는지 확인하면 된다.

또한, 정성스레 만든 파일을 보냈는데 정작 받는 사람이 이를 열어보지 못하면 낭패다. 받는 사람이 제대로 첨부파일을 열어볼 수 있게 하려면 다음과 같은 방법을 사용해보자.

- PDF 파일로 변환해서 보낸다 — 내가 작성한 서식과 도표 등이 제대로 나타나지 않으면 가독성이 떨어지고 받는 사람이 이해하기 어려울 수 있다. 다른 오퍼레이팅 시스템이나 소프트웨어를 쓰면 간혹 호환성 문제 때문에 서식이나 도표 등이 깨져서 보이기도 한다. 같은 소프트웨어를 사용한다고 하더라도 버전이 다르면 같은 현상이 나타날 수 있다. 하지만 PDF 파일로 만들어서 보내면 작성한 서식과 도표를 그대로 보존할 수 있다.

- 되도록 첨부파일 크기를 줄여서 보낸다 — 대개 메일 서버에는 첨부파일 용량의 한계가 있다. 되도록 파일 크기를 줄여서 보내는 것이 좋다. 필요하다면 압축파일로 축소해서 보내자.

- 가능하다면 온라인 링크를 보낸다 — 만약 첨부하려는 내용이나 정보를 온라인상에서도 볼 수 있다면 첨부파일 대신 웹링크를 보내는 것이 좋다. 온라인 링크의 또 다른 장점은 첨부파일과 달리 핸드폰에서도 열어볼 수 있다는 점이다.

3 전체회신(Reply All)은 꼭 필요할 때만 사용하자

사람들은 대부분 습관적으로 그룹 이메일에 답장할 때 전체회신(Reply All)을 사용한다. 전체회신 버튼을 누르면 메일링 리스트에 포함된 모든 수신인(보낸 사람과 받는 사람, 참조 항목에 포함한 모든 사람)에게 한 번에 편리하게 답장을 보낼 수 있기 때문이다.

하지만 전체회신은 꼭 필요할 때가 아니면 쓰지 않는 것이 좋다. 왜냐하면 전체회신 기능을 잘못 사용하면 많은 사람의 소중한 시간을 허비하고 회사 전체의 생산성을 하락하는 결과를 초래할 수도 있기 때문이다.

다음과 같은 상황을 생각해보자. 전체 팀원이 50명인 팀의 팀장이 이번 분기에 김 대리가 우수 사원으로 선정되었다는 소식을 팀원 전원에게 이메일로 알렸다. 만약 모든 팀원이 전체회신으로 축하한다는 답장을 보낸다면 순식간에 50통의 새로운 이메일이 내 받은 메일함으로 쏟아진다. 한결같이 김 대리를 축하한다는 팀원들의 인사가 꼬리를 물고 계속된다. 만약 팀원이 100명이면, 혹은 전 직원이 수천 명인 회사 전체로 이와 같은 이메일을 전달했다면 축하 인사로 점철된 수백, 수천 통의 이메일이 쓸데없이 내 받은메일함으로 몰려들 것이다. 의미 없는 이메일을 확인하고 지워야 하는 불필요한 작업이 나를 기다리고 있다.

이는 전적으로 전체회신 기능을 잘못 사용했기 때문이다. 실제로 대부분 사람들은 너무도 흔하게 습관적으로 전체회신 버튼을 누른다. 만약 팀원들이 전체회신 대신 김 대리에게만 축하 인사 메일을 보내면 불필요한 이메일과 시간 낭비는 피할 수 있을 것이다.

전체회신 기능을 신중하게 사용해야 할 또 다른 이유는 알려지지 않아야 할 정보나 내용이 받지 말아야 할 사람에게 전달되어 난감한 상황을 초래할 수 있기 때문이다. 특히 부정적인 내용을 받지 말아야 할 사람에게 전달한다면 법적인 분쟁을 일으키는 최악의 상황으로 발전할 수도 있다. 실제로 한 고객이 어떤 회사의 프로젝트에 관해 요구사항을 그 회사의 관련 팀에 보냈는데, 그 팀의 팀원 중 한 명이 고객을 제외하고 관련 팀들에만 전달해야 할 민감한 정보가 담긴 답장을 실수로 전체회신하는 바람에 고객에게 그 내용이 전달되는 매우 난감한 상황이 발생한 사례도 있다.

외국 투자회사에 근무했을 때 일인데, 매달 Finance manager가 법인카드 사용 내역을 이메일로 각 지사에 있는 임원들에게 요청한다. 그런데 한 번은 실수로 그 내역을 전체회신하는 바람에 한국지사에 와본 다른 나라 임원들이 보낸 '그 식당 나도 가봤다'는 메일을 많이 받은 적도 있었다. 정말 민감한 내용이 있었으면 곤경에 빠질 수도 있었던 사례다.

숨은참조로 이메일을 수신한 사람이 전체회신으로 답장을 보내면 자기 몰래 다른 사람에게도 이메일을 보냈다는 사실이 다른 수신자들에게 알려져 그들을 불쾌하게 만들 수도 있다. 이는 당신에 대한 신뢰가 무너질 수도 있는 일이다.

위와 같은 상황 때문에 아예 전체회신 버튼을 사용하지 못하게 하는 회사도 있다. 전체회신 버튼은 메일링 리스트에 포함된 모든 수신인이 답장 내용을 알아야 할 때만 사용해야 한다. 전체회신 버튼을 반드시 사용해야 하는 경우는 거의 없다고 보면 된다. 특히 다음과 같은 상황에서는 전체회신을 삼가야 한다.

- 답장 내용이 이메일을 보낸 당사자만 알아야 하거나 필요한 것일 때
- 답장 내용이 이메일을 보낸 당사자와 참조에 포함한 수신자 중 일부만 알아야 하거나 필요한 것일 때
- Thank you, Congratulation 등과 같은 축하나 감사 인사를 보낼 때
- Mailing list에서 본인을 빼달라는 답장을 보낼 때

4 숨은참조(BCC) 기능의 숨은 사용법

숨은참조(BCC)는 'Blind Carbon Copy'의 준말이다. 컴퓨터 대신 타이프라이터로 서신을 주고받던 시절에는 원본을 수신자에게 전달하고 서신 원본을 먹지(carbon paper)로 복사해서 원본 수신자 외의 다른 사람에게 전달했다. 그리고 'Blind'는 원본 수신자 모르게 다른 사람에게 전달한다는 의미이다. 이제 먹지와 타이프라

이터를 사용하는 시대는 지났기 때문에 요즘은 숨은참조를 'Blind Courtesy Copy'라고 하기도 한다. 이메일에서 BCC 수신자는 CC 수신자와 달리 다른 수신자(받는 사람과 참조 수신자) 모르게 내용을 전달받는다.

비즈니스 이메일에서는 다른 수신자들 모르게 특정인에게 비밀스럽게 전달할 목적으로 숨은참조를 사용하지 않는다. 특히 사내 이메일 커뮤니케이션에서는 절대적으로 BCC를 피해야 한다. 우리가 보낸 이메일은 언제든지 다른 사람에게 공개될 수 있기 때문이다. BCC 수신인이 실수로 전체회신을 할 경우 다른 수신자들이 불쾌함이나 배신감을 느낄 수 있다. 이렇게 비밀스럽게 전달할 목적으로는 사용하지 않는다(그래도 정 다른 수신인 모르게 내용을 전달해야 할 때는 전달(forward) 기능을 사용하면 된다). BCC를 사용해야 할 때는 다음 세 가지 상황뿐이라는 것이 개인적인 의견이다

첫째, 수신자들이 서로 모르는 사이일 때 사용한다. 수신자의 메일 주소를 다른 수신자에게 알릴 필요가 없기 때문이다. 받는 사람(To)이나 참조(CC)로 지정한 사람의 이메일 주소는 받는 사람 모두에게 공개된다. 사내 메일이라면 서로 알고 있거나 협업을 위해 알아두면 좋으므로 큰 문제가 아니지만, 이메일을 받는 사람과 다른 수신인들이 모르는 사이라면 받는 사람의 이메일 주소가 원하지 않는 사람들에게 알려지는 결과를 초래한다. 이렇게 자신의 이메일 주소가 임의로 공개되기를 원하는 사람은 없을 것이다. 또한, 수신자가 답장할 때도 그 내용이 다른 이에게 전달되지 않기를 원할 것이다. 이럴 때 BCC를 이용하면 수신자의 프라이버시를 보호할 수 있다.

둘째, 대량으로 이메일을 발송할 때 사용한다. 예를 들어 뉴스레터

를 오백 명에게 보낸다고 가정해보자. 참조 항목이 오백 명의 이메일 주소로 길게 늘어져서 본문을 읽으려면 화면을 한참 아래로 내려야 하는 불편함을 감수해야 한다. 이럴 때는 BCC를 이용하면 수신자가 편하게 이메일을 읽을 수 있다.

셋째, 이메일로 서로 모르는 다른 사람을 소개할 때 사용한다. 예를 들어 A가 B를 내게 소개해준다고 해보자. 그러면 내가 B에게 메일을 쓸 때 A를 BCC로 지정하는 것이 예의이다. A는 자신의 소개가 이루어졌음을 확인할 수 있지만, 나와 B 사이의 대화에 답장할 필요를 느끼지 않는다.

■ 5 ■ 이메일 전달의 에티켓

이메일을 사용하면서 가장 짜증 나는 일 중 하나는 이유도 모르게 참조 목록에 포함되어 필요하지도 않은 긴 메일 사본을 전달받을 것이다. 쓸데없는 긴 사본의 내용을 읽느라 허비한 시간을 생각하면 허탈하기까지 하다. 아무 생각 없이 때로는 내용도 읽지 않고 기계적으로 전달 버튼을 누르는 일이 너무도 많다. 설상가상으로 전체회신까지 하면 너무도 많은 불필요한 사본이 전달된다. 결국 이런 쓸데없는 사본을 받고 리스트에서 빼달라는 이메일을 보내야 할 때가 부지기수다.

예를 들어 팀원 모두에게 팀장 회의에서 논의된 주요 내용을 공유할 수 있다. 하지만 다음 팀장 회의 안건에 관한 내용을 모든 팀원이 알 필요가 있을까? 이렇게 상대방이 원하지 않는 불필요한 내용을 전달하는 일은 사람들의 시간을 좀먹는 큰 해악이다. 회사 전체의 효율성을 생각해서도 이런 불필요한 사본의 전달은 사라져야 한다.

따라서 이메일을 전달할 때는 다음 사항에 주의해야 한다.

우선, 내가 전달하려는 이메일의 내용이 수신자들에게 꼭 필요한지 확인한다. 첨부 칸에 있는 사람들에게 기계적으로 보내지 말고 꼭 필요한 사람에게만 보낸다. 보내기 전에 다음 사항들을 체크해보자.

- 전달하려는 내용은 받는 사람이 요청한 것인가?
- 당신이 전달하는 내용은 받는 사람의 업무 수행에 유용하거나 필요한 정보인가?
- 당신이 전달하는 내용은 받는 사람이 알아야 할 업무의 진행 상황이거나 결과인가?
- 전달하려는 내용에 대해 받는 사람이 답변이나 의견을 가지고 있는가?

이메일을 전달할 때도 전체 사본을 전달하기보다는 받는 사람에게 필요한 부분만 발췌해서 보낸다. 다수의 사람 사이에서 여러 번 오간 이메일을 전달할 때는 군더더기들, 즉 전달 표시나 이메일 주소, 이메일 헤더 등을 제거하고, 읽는 사람에게 필요하지 않은 정보도 제거해서 필요한 핵심만 남긴다.

또한, 전달하려는 사본 위에 왜 상대방에게 이 내용을 전달하는지 밝혀야 한다. 추가적인 의견이 있다면 그것도 언급하는 것이 좋다. 그래야 받는 사람이 사본의 필요성과 중요도의 경중을 따질 수 있다.

마지막으로 사적인 정보와 관련 있거나 보안이 필요한 내용을 이메일로 전달할 때는 작성한 사람의 허락을 받아야 한다. 가끔 보안이 필요한 내용이나 다른 사람이 알아서는 안 되는 내용이 전달되어 난처한 상황을 초래하기도 한다.

6 성 평등적 표현 사용하기

과거에는 주로 남성을 지칭하는 대명사(he, his, him)나 남성 지향적인 일반명사를 많이 사용했지만, 최근에는 되도록 남성용 대명사와 여성용 대명사를 함께 사용하거나 중립적인 단어를 사용해서 편견을 없애려는 추세다.

다음 문장을 성 평등적 표현을 사용해서 바꾸어보자.

ex

> A scientist should only be limited by his imagination.
> 과학자는 오직 자신의 상상력에 의해서만 제한되어야 한다.
>
> A research mathematician goes through this process when he starts to tackle a problem.
> 연구 수학자는 문제 해결을 시작할 때 이 과정을 거칩니다.

중립적인 표현을 위해 'he or she'나 'him or her', 'his or her'와 같이 양쪽을 모두 써준다(he/she, him/her, his/her와 같은 형태로 써도 된다).

- A scientist should only be limited by his or her imagination.
- A research mathematician goes through this process when he or she starts to tackle a problem.

단수 대신 복수를 사용하는 방법도 있다

- Scientists should only be limited by their imagination.
- Research mathematicians go through this process when they start to
  tackle a problem.

또는 앞의 명사를 반복한다.

- A research mathematician goes through this process when the
  mathematician starts to tackle a problem.

이와 반대로, 주어를 구체적인 대상으로 바꾸어 표현하기도 한다.
다음 예제를 살펴보자.

<u>ex</u>

> Everyone should make his own travel arrangement.
> Everyone should make his or her own travel arrangement.

앞에서 설명한 대로 첫 번째 문장을 두 번째 문장처럼 바꿀 수 있지
만, 다음과 같이 주어 everyone을 상황에 따라 all participants/all
students/all members 등과 같이 맥락에 맞게 적절한 단어로 바
꾸는 것도 가능하다.

- All participants should make their own travel arrangements.
  모든 참석자는 자신이 직접 여행 준비를 해야 합니다.

그리고 최근에는 남성 지향적 단어를 다음과 같이 중성적 단어로
바꾸는 추세다.

남성 지향적 단어	성 평등적 단어	
salesman	salesperson, sales representative	영업사원, 영업 담당자
chairman/chairwoman	chairperson	의장
mankind	humankind	인류
freshman	first-year student	(대학) 신입생 / 1학년생
policeman	police officer	경찰관
spokesman	spokesperson	대변인
steward/stewardess	flight attendant	항공 승무원
waitress	server	(식당) 종업원
young man	teenager, youth, young person	십대, 청소년, 젊은이

7 보낸 사람의 메일 원문에 바로 답변 달기

상대방의 이메일에 답장을 보내면 상대방의 메일 내용 위에 내가 쓴 답장이 게시된다. 하지만 상대방이 보내온 이메일 원문 안에 바로 코멘트를 하는 것이 답장으로는 훨씬 효율적일 때가 있다. 예를 들어 상대방이 질문 여러 개를 한꺼번에 보냈다든지 할 때가 그렇다. 한두 가지 질문이라면 일반적인 방법으로 답장하면 되지만, 질문 개수가 많으면 특정 질문에 대한 답변을 빠뜨릴 가능성도 있고, 답변이 길어져서 상대방이 어떤 질문에 대한 답변인지 찾기 위해 보낸 이메일 원문과 답장 사이를 오가는 수고를 해야 할 수도 있다.

이럴 때는 보낸 이메일 원문의 질문 아래 바로 답변을 달면 질문의 답을 빠뜨리는 실수도 없앨 수 있고 읽는 이의 수고도 덜 수 있다. 답장을 쓰는 데 걸리는 시간도 줄어든다. 이렇게 원문의 질문 아래 답변을 다는 답장 방식을 원문에 답변 달기(inline reply)라고 한다.

예제를 통해 자세히 알아보기로 하자. 부서에서 소프트웨어를 구매하려고 다른 부서의 IT 전문가인 Kevin에게 조언을 부탁했다. Kevin은 다음과 같은 이메일을 보내왔다.

Hi, Baekho,

Following your email regarding the software purchase decision, I need more details. Before I recommend a particular solution, would you please give me the following information:

- What platforms are you most likely to use?
- How many people will be using the software solution?
- What would be your budget?
- What design considerations does the software have to work within?
- What is the best suited programming language?
- When is the deadline?

Best wishes,

Kevin

안녕하세요. 백호 씨

소프트웨어 구매 결정에 관한 당신의 이메일에 회신하기 위해 더 자세한 사항이 필요합니다. 특정 솔루션을 추천하기 전에 다음에 관한 정보를 주실 수 있을까요?

- 주로 어떤 플랫폼(운영체제)을 사용하는가?
- 얼마나 많은 사람이 소프트웨어 솔루션을 사용할 것인가?
- 예산은 얼마나 되는가?
- 소프트웨어가 따라야 하는 디자인 고려사항은 무엇인가?

- 가장 적합한 프로그래밍 언어는 무엇인가?
- 마감 시한은 언제인가?

감사합니다.

케빈

원문에 답변 달기를 할 때는 다음과 같이 시작할 수 있다.

- Please find my answers inline. 또는

  Please see my answers below.

원문에 답변 달기를 사용한 답장은 다음과 같다.

Hello Kevin,

Please see my answers below.

On Fri, Aug 5, 2020 at 10:30 AM, Baekho wrote:

Hello, Baekho,

Following your email regarding the software purchase decision, I need more details. Before I recommend a particular solution, would you please give me the following information:

- What platforms are you most likely to use?
  We are using iOS and Android.
- How many people will be using the software solution?
  The number of users will be 200 - 250.

- What would be your budget?
  Our estimated budget is USD 300,000 – 350,000.
- What design considerations does the software have to work within?
  The application screen designs need to conform to our corporate guideline. The guideline will be sent to you after our review.
- What is the best suited programming language?
  Python is the best choice.
- When is the deadline?
  May 23, 2021 is the deadline.

Best wishes,

Kevin

안녕하세요. 케빈

요청하신 질문 아래에 답변 드렸습니다. 참조를 부탁드립니다.

On Fri, Aug 5, 2020 at 10:30 AM, Baekho wrote:

안녕하세요. 백호 씨

소프트웨어 구매 결정에 관한 당신의 이메일에 회신하기 위해 더 자세한 사항이 필요합니다. 특정 솔루션을 추천하기 전에 다음에 관한 정보를 주실 수 있을까요?

- 주로 어떤 플랫폼(운영체제)을 사용하는가?
  우리는 iOS와 안드로이드 운영체제를 사용합니다.
- 얼마나 많은 사람이 소프트웨어 솔루션을 사용할 것인가?
  사용자 수는 200~250명 정도 될 것입니다.
- 예산은 얼마나 되는가?
  저희가 예정한 예산은 30~35만 달러입니다.
- 소프트웨어를 사용하는 데 있어 디자인 고려사항은 무엇인가?
  응용 프로그램의 화면 디자인은 저희 회사 가이드라인을 준수해야 합니다. 해당 가이드라인은 검토가 끝난 뒤에 보내드리도록 하겠습니다.

- 가장 적당한 프로그래밍 언어는 무엇인가?

  파이썬으로 만든 프로그램이 가장 좋습니다.
- 마감 시한은 언제인가?

  마감 시한은 2021년 5월 23일입니다.

감사합니다.

케빈

원문에 답변 달기에도 주의할 점이 있다. 답변을 원문의 질문과 뚜렷하게 구분해서 상대방이 이해하기 쉽게 만들어야 한다. 그렇지 않으면 혼란을 일으킬 수 있다. 앞의 예문처럼 답변은 줄바꿈을 하고 볼드체로 표현해서 읽기 쉽게 만든다. 볼드체 대신 다른 색으로 글을 써서 구분해도 좋다.

8 답장의 타이밍은 언제가 좋을까?

이메일 회신은 되도록 빠르게 하는 것이 좋다. 늦은 회신은 상대방에게 부정적으로 받아들여질 수도 있다는 연구 결과도 있다. 일반적으로는 이메일을 받은 지 24시간 이내에 하는 것이 좋다. 늦어도 이틀은 넘기지 않도록 한다. 만약 이보다 늦어질 것 같으면, 이메일을 잘 받았다는 회신을 바로 하고 언제쯤 자세한 답장을 할 수 있을지 알려주는 것이 바람직하다.

이와 반대로, 만약 상대방에게 답장이 안 올 때는 확인 이메일을 언제쯤 보내면 될까? 아주 긴급하게 상대방의 의견이나 답이 필요하다면 이메일보다는 전화나 면담을 택하는 것이 낫다. 일반적으로 이메일을 보낼 때 사람들은 대부분 하루에서 이틀(24~48시간) 사이에 답장이 오리라고 기대한다. 만약 이틀이 지나도 답장을 받지 못했다면, 이틀에서 사흘(48~72시간) 정도 기다린 후에 확인 이메일을 보내도록 하자.

이때는 원래 보낸 이메일을 전달(forwarding)해서 이메일을 받았는지 체크하고 답장을 부탁하거나 새로 보내는 이메일에 이전 메일의 내용을 쓰고 그 아래에 원래 메시지를 복사해서 붙여도 좋다. 처음 보낸 이메일에서 상대에게 전달하고자 했던 내용을 요약해준다면 상대방이 예전 이메일을 뒤지지 않고도 당신이 어떤 내용을 기다리고 있는지 알 수 있을 것이다.

9 가장 효율적인 이메일 관리하기

1) 이메일과 스트레스의 관계

직장 생활의 자연스러운 일부가 되어버려서 우리가 잘 의식하지 못하지만, 사실 이메일 업무는 스트레스의 온상이다. 아침에 출근해서 메일함에 쌓인 새 이메일을 보기만 해도 머리가 아파오고, 싫어하는 상사나 선배의 이메일을 보면 열어보기도 전부터 스트레스받기 일쑤다. 많은 사람이 메일함으로 계속 들어와 쌓이는 수많은 이메일과 그 메일들을 효과적으로 처리하지 못하는 데서 오는 압박감에 시달린다. 실제로 이메일과 스트레스의 상관관계에 관한 많은 연구가 진행됐고, 그 연구 결과들은 이메일을 직장 스트레스의 중요한 원인으로 지목한다.

특히 자주 이메일을 확인하는 습관은 업무 효율성도 떨어뜨리고 이메일로 인한 스트레스를 높이는 아주 나쁜 습관이다. 이메일로 인한 스트레스를 낮추고 업무 효율성을 높이기 위해서는 이메일의 효율적인 관리가 매우 중요하다.

2) 이메일은 하루에 정해진 시간에만 확인하고 처리한다

긴급한 상황이 아니라면 이메일을 받자마자 바로 열어보지 않는다. 당장 긴급하게 대처해야 할 일이라면 전화를 이용했을 것이다. 이메일은 전화와 달리 즉각적으로 처리하지 않아도 된다. 받는 사람이 가장 편하고 효율적인 시간에 열어보고 처리하면 된다. 이런 비동시성은 이메일의 큰 이점 중 하나이다. 하지만 사람들은 대부분 메일을 받자마자 열어본다. 연구에 따르면 사람들은 이메일을 받으면 전화벨이 세 번 울리기도 전에 이메일을 열어서 확인한다고 한다. 2013년에 진행된 미국의 한 연구에서는 미국 직장인 중 33%가 업무 메일 수신 후 15분 이내에 답장하고 75%는 1시간 이내에 답신한다는 놀라운 결과를 밝혀낸 바 있다.

빈번하게 이메일을 체크하면 그때마다 업무의 단절이 발생하므로 업무의 연속성과 집중도가 떨어진다. 2001년에 진행된 다른 연구에 따르면 한 통의 이메일을 확인하고 다시 업무를 재개하는 데 평균 64초가 소요되고 8시간 근무를 기준으로 96번의 업무 단절이 발생한다고 한다. 이대로 계산하면 약 1시간 40분의 업무 단절이 생기는 셈이다. 최근 통계는 하루에 받는 이메일이 평균 121통이니 업무 단절 시간은 2시간 9분으로 증가할 것이다.

이메일이 도착할 때마다 확인하고 처리하는 것은 비능률적일 뿐만 아니라 빈번하게 이메일을 확인할수록 스트레스도 더 증가한다는 연구 결과도 있다. 이메일 확인 빈도를 줄일수록 스트레스가 줄어든다는 의미이다.

따라서 긴급한 이메일이 온다고 예상되는 상황이 아니라면 하루에 두세 번, 혹은 정해진 시간에만 이메일을 체크하는 것이 효율적이다. 이메일이 도착할 때마다 확인하기보다는 하루에 세 번, 즉 예를 들어 출근하고 난 직후와 점심시간 직후, 그리고 퇴근 전에 체크하면 스트레스도 줄이고 업무 효율도 높일 수 있을 것이다.

또한, 이메일은 열어본 그 자리에서 바로 해결한다. 꼼꼼히 읽고 나서 바로 답장/저장/전달 중 어떤 작업을 할지 정한 후, 필요한 처리를 하고 삭제한다.

Business
E-MaiL
The Best Recipe

명품 영문 이메일 레시피

초판 1쇄 발행 2020년 3월 31일

지은이 조용배, 조용상

펴낸곳 콘텐츠 케이브
펴낸이 이형진
디자인 김수미

출판등록 제301-2012-091호
주소 (04616) 서울특별시 중구 퇴계로56길 46 3F
전화 (070) 4115-0175
팩스 (02) 6455-0175
이메일 contentscave@gmail.com
홈페이지 http://www.contentscave.com
페이스북 http://www.facebook.com/contentscave

ISBN 978-89-98623-16-6 13740